國際學校老師這樣教

——教出自信、好學與快樂的學生

譚麗霞 著

新雅文化事業有限公司
Sun Ya Publications (HK) Ltd.

推薦序一

得知好友資深教育工作者譚麗霞老師要出書暢談國際學校的教育，請我寫序，便欣然接受。時至今日，國際學校在香港已蔚然成風，但國際學校究竟如何運作，外界不知其詳。在家長眼裏，國際學校是標籤一般的存在，如玩樂、輕鬆、學生英語好、名校錄取率高。然而緣何如此，具體情況又是如何，大家並不清楚。相信讀完這本書，答案便會一一揭曉。

本書詳盡介紹國際學校的教育理念和方法，實用而簡潔。關於閱讀訓練的部分，讓大家對閱讀有全方位的認識，書中談到如何鼓勵學生通過積極參與不斷提升自己，幫助學生靈活運用所學知識，提高理解力，以進一步提升更深層次思考等。還有如何運用科技培養孩子的學習能力，如何運用創意寫作啟發孩子的思維，如何利用課外活動豐富實踐，開拓視野；如何利用正面教育培養孩子自信。

讀畢相信不僅會給廣大的老師，尤其是本地學校的老師帶來全新的視野，也讓家長對國際學校有更深的了解。最後預祝此書出版發行取得圓滿的成功。

張毅

基督教香港信義會宏信書院（小學部）校長

推薦序二

拜讀了作者譚麗霞老師傳來的大作後，才驚覺自己過去三十年的國際學校生涯，是多麼獨特的經驗啊！作者活潑生動的筆觸，娓娓道來，勾起了我很多的記憶。我記得曾經和我的校長一起做過一次家長晚會，他讓家長看了三張照片：

- 第一張是一個熱帶雨林的照片，圖中大樹林立，因為大樹不斷往上長，連陽光都難以穿透，大樹下還有很多攀緣植物。
- 第二張是一個英式花園，圖中也有很多各種不同的花卉和灌木，每一株植物都被修剪整整齊齊，並利用不同色彩的植物拼湊出一幅美麗的圖形。
- 第三張是一片山坡地，坡上長滿各種各樣高高低低的樹木，有稍微高的樹木、花卉、灌木叢、小草等等，看起來很自然地生長，但每棵樹都分佈得很平均，各有自己的空間伸展，彷彿有着一種似有似無的安排，但並不明顯。

這三張照片具有高度象徵意義，代表了三種不同的教育理念，第一種是森林定律，主張者認為有能力者自然會往上，爭取到最有利的發展空間，適者生存是硬道理。第二種是威權教育，劃一規定，方便管理，每個人都要按照既定的官方標準，剪裁個性，服膺羣性。而第三種是在教育的層面上作適當的安排，目的是讓每個人都可以大概的按照自我的特性，在互助互利的原則下發展出一個更好的自己。

我深深體會其中的意義，拿我自己做個例子，對於森林定律和威權教育，我並不陌生，我相信大部分跟我年齡相若的同伴們一定能發出理解的會心微笑。我小時候生活條件差，上學本來就不容易，那時的義務教育只有六年，所以升中試過後，大部分的同學已經要去找工作當學徒。升中試本來就是升學與就職的分水嶺，正因經濟環境不佳，森林定律似乎無可避免，因為學位難求，伴隨而來的威權教育，也就是自然而然了，還加上中國人的古老傳統要尊師重道，什麼「師嚴然後道尊」云云，老師校長簡直就是被神化了，他們好像不是普通的人類，頭上都是有光環呢！可是，我要聲明我並非反對要尊重師長，但是其中的平衡點難以拿捏，師長們腦子裏的教育理念才是關鍵，威權教育不能像五指山一樣重重地壓在莘莘學子身上，否則我們如何去培養孩子的獨立思考能力和創意呢？我相信獨立思考和創意的基礎都是勇氣和膽量，但是把這些微弱的勇氣和膽量扼殺在幼苗時期是司空見慣的，這些其實我多多少少都經歷過，是一種不幸。

後來我又幸運地進入了一所國際學校任教，這是一所真正的國際學校，我要強調的是從教學理念到學生的背景來判斷真偽。這所學校有一種逆向的思維不斷衝擊我固有的觀念。舉個例子，有一種學習方法叫「互助學習」（Cooperative Learning），這種學習方法，是讓學生以小組方式學習，以一組人的努力代替個人「單打獨鬥」，我當時是不太理解道理何在，後來才領悟到學生除了才能互補以外，他們特別有一種樂於助人的精神，正正因為這種學習方式的潛移默化，使得學生在情商、溝通能力和人際關係上都有所提高，學會與人合作對他們的人生無往而不利，因為一個社會就是大大小小合作團隊的組合。在這所學校的工作經驗是奇妙的，因為它不但教會了我，還讓我深信「每個人都是獨特的。」

於是我懂得尊重每個人的獨特性，在教學上，我能大概按照學生的能量去安排課程，配合他們的需要，給予啟發和支持。不但對學生如此，對兩個孩子更加警惕，警惕的是，一般中國的家長總會管得太多，不會太少。我強調引導、啟發和支持是重要的，不要批判，更不要掌控，讓他們愉快、自信地成長是孩子的權利！但別誤會，我也不是完全放任不管，其實大部分的小孩都喜歡跟隨有遠見有條理有方向的成年人，對小孩完全放手不理，他們會解讀成你不關心不愛他們，適當的引導和輔助，就像你常常給你種的植物澆澆水施施肥一樣重要。對於我兩個孩子，我永遠都在做一種平衡的角色。我的大女兒愛閱讀，常識豐富，組織力強。她永遠是老師的寵兒（Teacher's Pet），甚至在森林定律和威權教育底下都能生存的一種人，但是她非常好強，永遠把自己逼得太緊，目標訂得比天高，我對她只有寬鬆、更寬鬆和最寬鬆，萬萬不能緊。小兒子不太愛閱讀，什麼都大而化之，一竅不通，但是酷愛音樂，有創意。對這個兒子，我常常跟他約法三章，小時候我讓他去學畫畫，他不要學，我讓他最少學完一個課程。我對他説：「如果你太早放棄，你不知道自己是不是真的喜歡畫畫，這樣你對自己不公平！」他最後學完了，告訴我他真的不喜歡，我就隨他了。但是學小提琴是另一種經驗，他學了一段時間停下來沒再學，後來，他自己要求繼續學，我跟他説：「這是你自己的選擇，你一定要練琴，我是絕不會監督你的。」他同意了，這次他完成了小提琴六級的考試，全是他自己的努力，對於一個那麼疏懶的孩子來説不能不算是一項成就。現在兩個孩子都長大成人，女兒在初創公司當主管，兒子選擇在音樂領域發展，各展所長，但是最重要的是兩個人都清楚知道自己想做什麼，愛什麼樣兒的生活方式，而且有足夠的正能量去面對逆境，我覺得這樣就很好了。

感謝作者的書勾起了這麼美好的一段過去，她提到的都是頂頂重要的觀念：閱讀、常識培養、創意、好奇心、獨立思考、快樂、自信，還有終身學習。我自己就是一個終身學習者，因為學習技能容易，理解文化卻不那麼簡單，到現在我都還在探索是否有一種能把中西文化的優點都集中在一起的教育，我相信透過這本書讀者能對不同的教育文化有更深入的認識。

廖淑儀

香港國際學校中文老師及科主任

自序

很多家長都有這個疑問：到底我的孩子適合就讀國際學校還是傳統學校？我的意見是：世上沒有最好的學校，只有相對而言比較適合你的孩子的學校。

沒有一種教育方式能夠有一面倒的優勢。我見過有些家長，因為本地學校的繁重功課與頻繁的測驗考試，令孩子疲於奔命，而選擇讓孩子轉去國際學校就讀。但是過了一段時間後，家長又埋怨國際學校的學習模式太輕鬆了，開始擔心自己的孩子未能扎實地打好知識的基礎，中文的水準會落後於人，數學課程又不夠艱深……於是在放學及周末的時間，為孩子安排了一連串的補習，又再重複傳統教育的模式。

我認為無論選擇了那一類型的學校，有一些重點都是家長應該牢牢抓住的。在學術方面最重要的一環，是在孩子年幼時就培養他對閱讀產生強烈的興趣，因為沒有一個厭惡書本與文字的學生，會在學業方面出類拔萃的。而我見到日後考入最佳大學的學生，在他們的小學階段，一如意料的全都是最勤奮的小讀者。因為出色的語言能力是創意思考、邏輯思考及批判思考的基本。孩子們從閱讀中學會大量的詞彙，精湛的表達方式，及各科的常識，自然而然對他們的口語表達能力及寫作能力大有裨益。而在孩子們漫長又重要的十多年校園生活中，優越的語言能力會幫助他們順利地過五關斬六將，應付無數的專題報告和口頭報告，考試和測驗時更得心應手，他們的自信心一強，對學業就更專注、更投入。

相反地，如果孩子的時間被繁重的功課、測驗及考試霸佔了，而未能廣泛閱讀，增加自己的語言能力與常識，當他到了高中時期，無論作文或考試，都會因詞彙及意念的貧乏，而無法有令人眼前一亮的表現，最多不過是勤力盡責地將筆記上的資料搬字過紙。如果一個孩子在學校內十多年，總着眼於課程的範圍，偏偏又因為語言能力的限制，而未能取得優異的考試成績，那麼付出的代價也未免太大了吧。

另外最重要之處，是令孩子有自信心及好奇心，樂於發問，探索新奇的事物，不怕犯錯，勇於從錯誤中學習。如果一個孩子只想去猜測哪一個才是老師心目中的標準答案，因為害怕出錯，而不敢表達個人意見，在這樣的情況下，創新與創意又從何而來？我們下一代身處的時代中，創新和創意才是取得成功的關鍵所在。

我明白很多老師、家長及學生面對現實中種種困難的無奈之情，但有些重要的事情，我們真的不能夠不獨排眾議，迎難而上。我們必須去慎重地考慮，下一代應該有什麼性格特徵與技能來應付生活中的挑戰。無論他們在哪一類的學校就讀，作為家長如果能夠參考各種學制的優劣，取長補短，為孩子作出最適合他的引導與支援，相信這是給孩子的一份最珍貴的禮物。

本書綜合了我任職國際學校十八年的觀察與領悟。雖然個人的經歷及學識有限，但正所謂集思廣益，如果其中有一些方法適用於你的孩子或學生，對他們那怕只是有些微的幫助，我已於心足矣！非常感謝新雅文化邀請我寫這本書，多謝張毅校長及廖淑儀老師在百忙中為本書寫序，Eries Auyeung 為本書提供温馨美麗的照片，也多謝任教國際學校二十多年的 Clara Pang，對書中每一篇章都作出公允誠懇的補充與指正。在此謹祝孩子們快高長大，品學兼優，在二十一世紀為人類的文明與進步作出卓越的貢獻。

譚麗霞

目錄

國際學校老師原來這樣教……

第一章 鼓勵自主的教學模式

第二章 啟發思考的閱讀教育

第三章 豐富心靈的成長教育

第一章

鼓勵自主的教學模式

1.1 寓教於樂的課程設計

當孩子覺得課堂上所學的與日常生活息息相關，就會更投入，更有學習的熱情。

#課程設計 #研習報告 #資訊素養 #學習的樂趣

也許有些人會問這樣一個問題：國際學校的小學生功課少，又不用考試！好輕鬆啊！但是他們的學識基礎是不是不夠扎實呢？

我覺得當今世界的信息千變萬化，匯聚所有題材與內容的重要源頭之一是互聯網世界。所以加強學生的語言能力，教授他們資訊素養才更實用：孩子從小就要學會怎樣去找到正確的資料，認識一個陌生的題材，幫助自己去認識、了解它。如果孩子有了這一技能，無論日後面臨任何陌生的課題，他們都有自我增值的能力。另外，令孩子保持好奇心及探索新知的動力，更為重要。

國際學校的課程設計，以研習報告為主。以四年級其中一個課題「人體與健康」為例，首先老師會跟學生說明這個題材的學習重點，也就是一些他們會探討的重要問題（Essential Questions）：人體是怎樣運作的？如果我們身體的某個部分停止運作會怎樣？怎樣才能維持身心健康？

這個課題不會由老師跟着教科書向學生講解一下，再加一個測驗去評估他們的。四年級的老師會跟圖書館老師合作，將與人體和健康有關的書籍設為參考書，並將班上的學生分成小組，每組負責研究一個人體器官的機能及有可能出現的疾病，讓他們來圖書館看書，上網瀏覽老師介紹的網頁，為自己分配到的研究課題寫筆記。每組學生都要做一份簡報（PowerPoint Presentation），以及口頭報告，向班上的同學介紹他們研究的人體器官。這樣的話，每個學生都要對自己的題材有較深入的了解，而他們在聆聽同學的口頭報告時，又學會了更多有關人體的常識。每個課題的評估方法可以是不同的，例如關於美國南北戰爭的課題，是要學生仿製一篇當年的報紙對戰事的報導；有關昆蟲的研習則要做一個昆蟲的模型，再加上對它的特徵的描述。

而這個人體與健康的課題，還加插了一項精彩的活動：學生會穿上白袍，成為小醫生，帶上玩具醫療器材為病人診斷病症！而「病人」則由老師扮演！那次我扮演的病人，是跟朋友踢球時，不慎被踢到脛骨而前來求診的。那些小醫生認真地詢問我事情發生的經過、我的感覺如何，然後診斷我是皮外傷，不算嚴重！

也不知是老師演技太好了，還是學生太投入了，這項活動之後的一兩天，我在校園中會被四年級的學生殷切慰問，我的腳傷好了一點沒！當我在午餐時間笑着與同事分享這件趣事時，有個老師告訴我，那天副校長也參與了這個活動，他扮演心臟有問題的病人，結果也受到同學的親切慰問！這件校園趣事讓大家說了好久！

讓我最感動的，還是這樣的課程設計，使學生享受到學習的樂趣，充滿了學習的熱情！在這個課題研習期間，一個小女孩在圖書館拉住我説，你知道嗎？原來血液循環是這樣的……她的雙眼閃着亮光，用流暢的英文熱切地向我解釋人體的奧妙之處。這件事令我感到，若能讓孩子保持這樣的求知熱忱的話，他們有什麼是學不會的呢？

1.2 啟發思考的歷史教育

生動有趣的歷史教育，令孩子明白到戰爭的殘酷，人類應盡力尋求和平理性的方法去解決衝突。

歷史教育 # 課程設計會議 # 研習報告 # 啟發思考

不知大家對歷史教育是否有以下的負面印象？學生只需死記硬背一些歷史事件發生的年份、地點、遠因、近因及過程，再在測驗或考試時快速把這些內容默寫出來，就過關了。至於為什麼要學這段歷史，它跟我們的生活有什麼關係？幾乎沒有學生去仔細思考過這個問題。所以歷史科讓人感到枯燥乏味，不合時宜。

我曾見識過國際學校五年級學生研習美國南北戰爭的歷史的情況，那跟「死記硬背，枯燥乏味」一點關係都沒有！我甚至覺得因為教學相長的緣故，自己也從這個課題中受益良多！首先，各科老師會開一個課程設計會議（Curriculum Meeting），擬定學習的重點：學生會學習南北方不同的社會環境（特別是南方的莊園及奴隸制度），當時的領袖及將領，幾場有決定性因素的戰役等。他們的研習報告是做一份當年的報紙，報導當年的重要新聞：例如南方農莊發生奴隸逃走的事件、某場戰役的經過及傷亡人數等。而在學習過這個課題之後，學生應該懂得對這兩個重要問題（Essential Questions）作出思考：衝突的起因是什麼？戰爭是否解決衝突的唯一方法？這些重要問題的設計，只是為了引起討論，啟發思考，完全不會有標準答案！

然後，各科老師開始配合教學：圖書館老師將有關書籍保留作為參考書，讓該年級的學生都可以找到資料寫筆記；美術老師教學生繪畫相關的歷史題材，音樂老師會教一兩首美國當年的歌謠，體育老師會教學生像士兵那樣步操！最精彩之處是，每一個學生，都會扮演一個當年的軍人，而且每人有獨特的身份背景：北方的將軍、南方的奴隸主、逃亡的奴隸……學校並訂製了美國南北戰爭時的軍服，讓學生穿上去做步操！我仍記得當時北軍的制服是藍色的，南軍的制服是灰色的！

在這七八個星期內，學生都沉浸在這段歷史之中。有時他們穿着軍服在校園走來走去，來圖書館做研究時有學生會告訴我他表現出色，在軍隊中的官階得到晉升；有的學生告訴我她隸屬於南軍，但好友隸屬北軍，因而體會到當年兄弟相殘的痛苦經驗。老師還幫學生拍攝他們穿上軍服時的黑白照片，貼在走廊的布告板上。事後看着照片中孩子們一臉稚氣但做出莊嚴肅穆的表情，家長和老師都忍不住笑了！

當學生完成了他們的研習報告——南北戰爭時期的報紙之後，他們還在老師的幫助下，把紙張薰黑弄黃，造成古舊的模樣，十分認真！這個研習課題，在年級早會時學生穿上軍服步操，再由幾個學生上講台分享學習心得作結。有一位學生説，為什麼在一百多年後的今天，我們仍要學習有關美國南北戰爭的歷史呢？因為放眼世界，由不同原因引起的衝突，今天仍然存在，但過去的戰爭令我們明白到，以武力解決問題是沒有勝利者的，戰爭造成無數的流血與死亡，而且扭曲人性。我們應該盡力找出衝突的起源，互相了解、溝通與協議，用理智和平的方法去化解危機。這真是一個非常出色感人的演講！

在這樣的學習環境中，恐怕沒有人會說歷史教育沉悶及落伍吧！也許你說這真是一個需要很多資源的大製作，但我覺得即使省略某些部分，例如為全級學生訂製軍服，讓學生感同身受地學習歷史，還是可行的。況且那些制服每個學年用完之後，由校方乾洗保存，留給下一年的學生使用，也是物盡其用了。

1.3 精彩又有趣的校外教學

各類校外教學活動激發孩子的好奇心及學習的熱情。

校外教學活動 # 學習體驗 # 學習類型 # 文化交流

如果世界是一部大書，那麼孩子在學校學習十多年，但學來學去只侷限於教科書上的內容，不是太浪費寶貴的青春時光嗎？令孩子眼界開闊，保持好奇心，是非常重要的。國際學校常常舉行許多精彩又有趣的校外教學活動，一方面配合校內的課程設計，另一方面也令學生有更多不同的學習體驗。

例如五年級學生學習香港歷史，以及太陽及各大行星的課題時，在老師開課程會議時，就訂下相關的校外教學活動。校方會安排校巴接送學生去香港歷史博物館及香港太空館參觀。學生雖然也要完成一兩份關於這次活動的工作紙，但最重要的還是他們在參觀博物館和太空館的過程中，多觀察多感受多發問。

傳統的教育模式，是老師在講台上講課，學生乖乖地坐着專心聆聽以吸收知識。不能安靜守規矩聽課的學生，往往被視為壞孩子。但根據近年各種關於學習類型的研究發現，每個人學習及領悟的方式各有不同。大腦接收知識的途徑可以通過視覺、聽覺與動覺三種。由聆聽而學會知識的學生大約只佔 15% 至 20% 左右，但有 40% 至 50% 的學生其實是以視覺來接收信息的，博物館中栩栩如生的展品，令這種類型的學生像海綿一樣，在短時間內吸收大量有關學科的知識。另外還有 30% 至 40% 左右的學生，是以動作與觸覺的方式來掌握知識的。博物館內有很多為孩子設計的互動遊戲及手工製作，對這些學生來說，就像如魚得水，寓學習於娛樂之中了。一些國際學校的老師參加了有關「Kinesthetic Learning」（視・聽・動覺學習類型）的專業培訓，了解到學生不同的學習需要，在課程設計時就建議加入不同的校外教學活動，不但能擴闊學生的眼界，又能照顧到不同學習類型的學生，真是一舉兩得！

作為圖書館老師，我負責安排的校外教學活動，當然是以閱讀與寫作有關的。我曾數次帶學生參加香港國際文學節（Hong Kong International Literature Festival），因為主辦單位會邀請著名的兒童文學作家擔任演講嘉賓。印象最深刻的是美籍韓裔的女作家，紐伯瑞獎（Newbery Award）得主 Linda Sue Park，她向小聽眾說，如果你擅長寫作，你設計電腦遊戲也會很出色，因為每個大受歡迎的電腦遊戲的背景，都是一個精彩的故事！這對孩子來說，真是極有說服力！

另外，文化差異即使對成人而言，也是一個深奧的課題，對孩子來說，了解各地文化習俗的不同，學習接受、包容及欣賞，更不容易。校方也安排過一些文化交流之旅，例如四年級學生探訪深圳的學校及家庭、五年級學生的北京之行等。我曾數次參與學生的三日兩夜深圳之行，深得教學相長之益。

在出發之前，老師會教育學生要有禮貌，去接待家庭作客時，要帶一份小禮物，在人家家裏吃晚餐時，即使那些食物不合自己的口味，也要嘗嘗，不能夠一點都不吃那麼無禮⋯⋯

在這個活動之後，學生（也包括我、外籍老師和家長），都上了接受及尊重文化差異的寶貴一課！有的外籍孩子，受到深圳接待家庭的熱情招待，晚餐桌上有整桌的全雞全魚的菜式，卻將那個只吃炸雞魚柳，沒見過整隻雞整條魚的孩子嚇呆了，覺得雞頭雞爪魚頭魚尾好噁心而食不下嚥，只肯吃醬油伴白飯。另一個漂亮的金髮女孩乖乖地聽老師說，要帶一份「小禮物」給接待家庭，就帶了一個繡着自己家鄉名稱與景色的杯墊送給接待家庭，結果人家的回禮是一份很精緻昂貴的玩具，不但小女孩不知所措，連一些同行的外籍家長與老師，都要我解釋一番，他們才明白中國人覺得送禮一定要名貴大方才有面子的國情！他們還說日後我要在這類交流活動之前，先給他們上一個工作坊說說文化差異及禮儀才對！

這些經驗與常識，都要通過各種活動才能親身體驗到的。還有每個學年的宿營周，讓學生去親近大自然，那幾天內學生去遠足、玩野外定向、游泳、玩球類運動、攀繩網、唱歌及燒烤，學習與室友和諧相處（當然也有爭執吵鬧的時候），真是一個令人難忘的回憶。可是有一項課外教學活動，我非常慶幸自己沒參與的分兒：四年級學生學習關於環境保護的課題時，去了香港的堆填區附近參觀！當學生回來後告訴我，他們親眼目睹如山一般的垃圾，嗅到令人作嘔的臭味時，每個人真是由衷感到，源頭減廢及保護環境的確是刻不容緩啊！

ABC

1.4 沒有標準答案與教科書的教室

孩子的想像力、創造力、推理能力及批判性思考，不應有框架的限制。

創意及批判性思考 # 重要問題 # 新聞與評論 # 學習與探索

我覺得國際學校與本地學校最大的分別是：第一，大部分老師所設的問題是沒有標準答案的；第二，小學階段並沒有教科書（也許中文科是例外）。

如果一間學校有太多的功課、測驗和考試，老師為了能夠快速評估學生的學習進度，自然就不得不設立標準的答案，即使有些答案，真的叫人啼笑皆非。但世界是遼闊的，生活是千變萬化的，如果學生過於習慣只有一個答案才是正確的話，並不利於創意及批判性思考的訓練。

如果一個學年最重要的任務，是將指定教科書中的內容及時傳授給學生的話，學生會很容易覺得學完了書本上的內容就完成任務了。教科書以外的書本都是閒書，是可有可無的。假如學生抱着這個概念，他們將會錯過多少學到更多更廣泛的知識的機會！

國際學校各年級每個學年的學習單元大致是相同的，例如五年學生會學習替代能源（Alternative Resources）、文化交流（Cultural Encounters）等。這些單元都不會依照一本指定的教科書來教，而是運用圖書館內的科普書籍、雜誌、電子資料庫及影音資料等，讓學生從不同的資料中去學習與這個單元有關的知識。老師也會推薦一些程度適合的網頁與視頻給學生參考。而老師為每一單元設計的重要問題（Essential Questions），會避免問及那些可以直接從資料中找到的，例如只提到事實的答案。關於文化交流的單元，所設的問題不會是馬可孛羅是哪個年代哪個國家的人，他去過哪些國家，而是會問什麼因素令馬可孛羅成為一個著名的歷險家？他對他的時代及後世造成什麼影響？

現在「一帶一路」這個題材非常熱門，老師就以古代文化交流的歷史，帶動學生對「一帶一路」這個觀念的好奇心與求知慾。學生不會覺得班超、張騫、玄奘和馬可孛羅的經歷跟自己的生活毫無關係；相反地，課堂上所學的知識與時事甚至日常生活都有關連。學生不用教科書，但在學習這個單元期間，關於「一帶一路」的新聞與評論，都可以用作他們的學習材料，令他們對時事的觸覺更敏鋭，更能對所見所聞多發問多思考。

有時為了加強學生對某個單元的了解與興趣，各科老師還會開課程設計會議，商討一下怎樣互相配合去教好一個單元。以文化交流這一單元為例，美術老師會讓學生繪畫一些古代探險家的畫像，或是他們經過的異國風景；音樂老師會介紹一些那些國家或是地區的音樂作品；體育老師可能在操場的地面大致上畫出張騫或是馬可孛羅經過的路線圖，讓學生興致高昂地跑來跑去，幻想自己就是那些探險家。在這個情形之下學過的單元內容，即使沒經過任何的測驗和考試，都給學生留下非常深刻的印象，甚至是永誌不忘的。

當然，美術、音樂和體育全是獨立的、非常有價值的科目，它們並不是任何學習單元的附屬品。類似的課程設計是老師協商配合教育的其中一個做法，並不會應用於每一個學習單元之中。

也許有人會質疑，不用教科書，怎麼能夠保證所有的學生都學會了基本的知識，打好基礎呢？也有人會說，只將教科書上的內容在短時間匆匆地對學生講一次，再用測驗或考試去評估學生的成績，但他們到底學到了什麼，是否考完試就將那些內容拋諸腦後，真是無法得知。生活並沒有標準答案，什麼是最好的教育方法，也沒有標準答案。我認為世界是一本大書，人生是一場不斷學習與探索的旅程，只有具備好奇心、學習意願與增值能力的人，才有更大的機會在終點勝出。

1.5 充滿自信的小演說家

出色的公開演講技巧能顯示出領袖風範。

評估 # 口頭報告 # 公開演講 # 生活技能

無論是哪一類學校，都必須定期對學生學會了什麼作出評估。不過，讓學生死記硬背一些課程內容，再用紙筆寫下考題的答案，又是否唯一評估學生成績的方法？學生在不斷的考試之中，又學會了什麼日常生活的技能？

國際學校小學部幾乎沒有什麼測驗考試，但會提供大量的機會讓學生作口頭報告，這也是老師評估學生的方法之一。幼稚園到一二年級的學生，會以「Show and Tell」的方式在全班同學面前演講。老師會給學生一個題目，例如心愛的玩具，請他們帶一件玩具來學校，再跟同學分享一下它的來歷、自己為什麼特別喜歡它、跟它一起有什麼趣事等。三至五年級學生研習的大部分專題，都必須與組員互相討論，他們不但常常要跟班上同學分享自己的研習所得，有時甚至要跟全年級的家長分享！例如四年級學生學習有關昆蟲的專題時，老師要求學生用舊報紙、泥膠或其他材料，做一個自己研習的昆蟲的模型，再跟班上的同學介紹這種昆蟲的生存環境、生活周期、自然天敵及對環境的影響等。不但如此，在這個專題研習完成了之後，四年級的家長收到邀請，在某一天的早上去學校聆聽孩子的口頭報告。家長自由出入教室及圖書館，因為那裏放滿了學生做的昆蟲模型，而模型的製造者和小主人正站在它們身邊，恭候來賓好奇的發問！家長不但能聆聽自己孩子的研習心得，更到處逛逛，見到那些小昆蟲的研究者就問問他們有關某種昆蟲的問題！這樣一來，學生都有機會向聽眾介紹自己所學到的知識，不但對自己所學的有更深的理解，還有機會練習怎樣與陌生人應對，是一個很好的生活技能的訓練。老師也在事前教導學生怎樣禮待來賓，例如：要微笑着向來賓打招呼、要有眼神接觸、講解完畢後要向聽眾致謝等。而家長參與這類活動，也能知道孩子學習的進展及看到他們的進步，更是樂在其中，雖然大部分的家長，是特意請假來作聽眾的！

當然這類大型的活動只能偶爾為之，但是學生在校園裏作公開演講的機會是很充足的。他們不但有很多學習單元要做口頭報告，另外在班上的班主任時間、全校的早會上，無論是有關慈善環保或是節日慶祝等各種話題，學生都有機會站出來講話，講者不一定只是那幾個伶牙俐齒表現出色的學生，而是不同的孩子都有機會上台説説話。坦白説，上台之後有的孩子會忘記要説什麼，有的孩子手足無措，有的孩子忍不住笑了，但老師及同學都不介意，大家都一笑置之，甚至事後對那個在台上出錯的小演講家説一句：你剛才真是可愛極了！

在這樣的環境之下，沒有學生會對公開演講產生太大的恐懼感。一來每個人都有機會去做，二來他們沒有那種「別人講得那麼好，我做不到」的心理威脅，因為他們見慣了別人也會出錯，就覺得即使自己的表現不夠完美，也沒有什麼大不了。就這樣經過數年的練習，即使並非每位孩子都是口若懸河的演說家，但站上講台也不會畏首畏尾，噤若寒蟬。而與人溝通及公眾演講的訓練，的確是孩子應該學會的生活技能啊！

有一次我在圖書館裏熱心地為幾個學生介紹適合他們的書籍，一個新來的小女孩也在認真地聆聽，我就開始問她讀過哪些作家的書、喜歡哪些種類的書籍，可是她只是看着我不回答，我用了英文、廣東話及普通話再三問她，她都不回答我，並轉身走開。我只好去找她的班主任，笑問這位新生怎麼不理會我這個受歡迎的圖書館老師，真有點令我傷心！

班主任老師告訴我，那位韓裔新生原來出生時舌根就有些問題，一直在求醫就診。不久她將會做一個手術去改善發音。我這才恍然大悟！幾個月後在五年級的周會上，我看見那個韓裔女孩跟一個口齒伶俐的男孩一起站在講台上，為他們的研習單元，作一個簡單的口頭報告。那男孩謙和地帶出話題並禮讓女孩去講，女孩緩慢吃力地說出一些發音含混的句子，但仍堅持完成她的演講。台下聽眾發出雷鳴般的掌聲及喝彩！這成為我職業生涯中最深受感動的一刻！

1.6 資訊素養令學生學會學習

從小學會自主地學習，培養終身學習的好習慣。

學會學習 # 資訊素養 # 六步法 # 終身學習

如今的社會資訊日新月異，新一代最需要學習的，是不斷更新個人的知識與技能，與時並進。所以國際學校的教育理念，不止於在某段時期教會學生某些課程的內容，而是要令學生學會學習，並養成終身學習的習慣。

學會學習的重點有兩項：其一是出色的文字語言表達能力，這就是為什麼國際學校在小學階段，最着重的就是培養學生的閱讀習慣。這一點我會在第二章的文章中加以說明。在這裏我想談談第二個重點：學生應該具備資訊素養。

在資訊爆炸的時代，沒有任何人能夠學會所有的知識，並隨時更新。但如果學生的語言能力很強，懂得如何找到有關資料來自我增值的話，他們一定會處於優勢。所以國際學校的學生在四五年級時，會開始學習研究方法。圖書館老師會和班主任老師合作，教學生關於資訊素養的課題。

首先圖書館老師會向學生介紹一個研究模式，例如六步法：（1）了解任務，（2）擬定資訊尋找策略，（3）找出並選擇資訊，（4）利用資訊，（5）組織資訊，（6）評估，完成學習任務。

以小學階段中「人體與健康」這個課題為例，學生要了解自己的任務，是要解答老師分配給各個小組的研究課題，例如心臟的功能、它有可能出現的疾病，及如何維持健康。

第二步擬定資訊尋找策略，是學會怎樣去找到正確有用而又簡單易懂的資料。圖書館老師先教學生不要一拿到一個研究課題，就透過搜查器如 Google 搜索資料，因為搜查器會在幾秒鐘內給你成千上萬的資料，但那些網頁的內容，對小學生來説太過深奧，而且不是每個網頁的資料，都經過專家的審查編輯，很可能會有錯漏。然後，老師教學生利用圖書館內有關人體與健康的科普書，那些書中有時也會附上一些適合小學生的網頁，這樣就節省了許多在互聯網上胡亂搜索的時間。接着，老師會介紹學校訂閱的大英百科全書兒童版的網頁及其他資料庫，還有公共圖書館提供的其他兒童版網上百科全書，這些才是適合小學生的研究材料。

第三步是找出並選擇資訊，學生要評估一下他們找到的資料，哪些比較準確、詳實、新穎，以及閱讀程度相宜才採用。學生不可以只用一本書、一個網頁來完成一份研究報告，起碼要用上三五個不同來源的資料才行。

至於第四步利用資訊，老師一再強調，學生在找到資料後，千萬不能抄襲，必須尊重知識產權及保持個人誠信。老師會教學生先理解資料的內容，再用自己的語言把重點寫下來。為了避免抄襲（Avoid Plagiarism），老師要求學生列出資料的出處：如果所引用的資料是紙本書，應記下作者的姓名、書名、出版社名稱、出版地點及年份。如果用的是網頁文章，則應記下文章的題目、網址及搜索日期。

有了筆記資料後，學生就可以繼續第五步的組織資訊，將筆記內容加以組織修改，逐步完成整份研究報告，並可以跟同學分享自己從中學到的知識了。最後是第六步評估，在完成書面或口頭報告之後，再看看自己的研究報告有沒有需要改善的地方，那就大功告成了！

當然，一個四年級大約九歲的學生，未必可以一下子就學會這樣的研究方法。但是國際學校四年級以上的專題學習，基本上是跟着這個模式進行的。經過幾個單元的訓練之後，學生就會熟悉這些步驟，日後他們遇上一個自己從未學過的課題，也會懂得按照這個模式來教會自己，打下了終身學習的基礎。

1.7 了解事實與意見，訓練判斷力

明辨事實與意見，不人云亦云隨波逐流，是獨立思考的基礎。

判斷力　# 批判性思考　# 思維訓練　# 客觀和主觀

在我們的指尖輕觸電腦電話屏幕，就可以獲得大量資訊的年代，去判斷什麼是真的，什麼是假的，什麼是事實，什麼只是個人意見，真是一件很不容易的事。

如果我們期待孩子日後會懂得客觀持平地評論時事，發揮個人獨特的判斷力，那有關批判性思考的教育就應該從小做起。國際學校的老師在學生四五年級時，就會教他們懂得分辨什麼是事實與意見。這是小學教育中不可缺少的重要環節。

首先，學生要懂得事實與意見的定義是什麼：事實是真實的，客觀的，可以證實的；意見則帶有個人的信念，判斷與感受，是主觀的，不可能絕對正確，也無從證實的。例如：說熊貓是一種哺乳類動物，它的皮毛是黑白兩色的，是中國特有的物種，這是事實；說熊貓的樣子好可愛，好像卡通片的角色，這是意見。老師會設計一些工作紙讓學生討論及做練習。開始的時候，會用多一些關於日常生活的例子。例如：

- 美國人在十一月底慶祝感恩節。（事實）
- 我對感恩節的食品，特別是火雞，興趣不大。（意見）
- 哈利波特是一部關於巫師與魔法的歷險小說。（事實）
- 哈利波特七部曲是我看過的最精彩的小說。（意見）

然後，為了進一步訓練學生的思考與判斷能力，老師會從歷史事件或時事新聞中，選出不同的例子和句子，讓學生去分辨一下。例如：

- 第二次世界大戰期間，英國的首相是邱吉爾。（事實）
- 第二次世界大戰是最重要的世界歷史事件。（意見）
- 第三十一屆奧運會在巴西里約熱內盧舉行。（事實）
- 東京比巴西更適合舉辦奧運會。（意見）

學生在學習事實與意見的課題時，還會了解一下其他文本的性質。例如，商業廣告是事實還是意見？商人為了推銷產品，總是將廣告設計得盡善盡美，大部分廣告中的主角總是容貌出眾、充滿自信，看上去自由又富足，帶出一種暗示，似乎擁有他們的產品，就會有更幸福豐盛的生活。我們應該停下來想一想，自己有沒有被這種廣告洗腦，而特別渴望能擁有某些物質？它對我們來説，是否真的那麼重要？另外，政治宣傳（Political Propaganda），包括政府的宣傳海報、政治人物競選時的政綱。它們屬於事實，還是某一方的意見？這些資訊的目的是什麼？它們會怎樣去影響讀者？

這樣的思維訓練令孩子從小就了解到，什麼是確實可信的事實，什麼是帶有個人或集體偏好的意見，自己的理解與判斷又是什麼。他們長大後會懂得更全面地接收及分析各類資訊，能表達個人獨特的意見，作出較成熟理智的判斷，而不會流於人云亦云。

小提示

家長可以在網上搜查「Fact and Opinion」的工作紙，給孩子練習。

1.8 家長義工支援教學活動

家長義工熱心協助學校的教學與行政工作。

家長義工　# 交流與分享　# 家教會　# 歸屬感

談及國際學校的教育，一定不能跳過家長無私的付出與貢獻。他們積極參與校內的各項活動，像一支實力雄厚的後備部隊，隨時因應不同的學習需要，為老師與學生作出支援。

家長願意為子女的教育出錢出力，校方也視家長為教育的拍擋，但大部分的家長並非教育工作者，所以老師會花時間與家長溝通協調，甚至提供一些培訓課程。

以學校圖書館為例，很多家長都會熱心地申請做義工。有些家長想做故事爸爸媽媽，為孩子朗誦繪本故事。有些家長想在圖書館內幫忙，處理借書還書、將圖書上架、為低年級的學生找書、為高年級的學生介紹適合他們的讀物及做研究等工作。作為圖書館老師，每個學年開始時，我會向家長義工提供以下的培訓課程：繪本朗讀與故事講述：如何運用不同的表情、聲調及一些小道具，去演繹故事中不同的角色；如何向孩子發問，啟發他們對故事作出想像與預測；以及如何有效地處理學生的紀律問題。另一個培訓課程是有效運用圖書館的各項資源。例如教育家長義工如何運用圖書館電腦軟件去搜尋書籍，簡介一些高小學生會用來做專題報告的電子資料庫，認識一下科普類圖書的杜威分類法（Dewey Decimal System），學會依據圖書的編號為學生搜尋關於科學發明、各種動物、手工製作等受歡迎的書籍。

每個學年，圖書館都會幸運地獲得十多二十位家長的幫忙。有些家長甚至連續數年都來做義工，直至他們的孩子小學畢業！

其實不止是圖書館，家長義工的足跡更遍佈全校，每當學校有運動會、宿營周、書展、節日慶典、在本港或外地的校外教學活動……都有家長義工樂於幫忙。而老師也會與家長溝通協調，大家分工合作，令每一項活動都有充裕的人手，進行得更加順利。

有些家長會受到老師的邀請，在早會上或是在班上跟學生分享他們的專業知識與個人經驗。特別是當學生在學習各種不同的職業這一課題時，一些任職外交官、童書作家、飛機機長等不同行業的家長會來到學校，跟學生分享他們職業生涯中遇到的挑戰與趣事。說不定一些學生就是因為受到這些叔叔阿姨的啟發，自小已經立下志向將來會從事什麼工作呢！

而家長教師協會（Parents and Teachers Association）每個學年都會舉辦一個向公眾開放的賣物會暨攤位遊戲的籌款活動。熱心的家長不但在各個攤位遊戲上當值，還負責收集各個家庭捐出的二手圖書，將它們分門別類整理好，變成一個臨時的二手書店來幫助學校籌款。另外還有一些家長是製衣廠商、玩具和精品製造商，他們會為這個活動捐出大量物資義賣。當日所有的收入，全部撥入學校的籌款。這些慷慨的捐輸，會用作學校的擴建或裝修、購買新的教育器材、邀請教育專家及作家來學校演講等用途。我就曾有數次運用家長教師協會的撥款，邀請美國著名的童書作家來學校演講。

因為老師、學生及家長都視學校為自己的社羣，有一種強烈的歸屬感與自豪感，校園就自然而然地成為愉快學習的地方。家長無私的付出也得到了甜美的回報，他們不但可以近距離了解孩子的學習與發展情況，也學會了一些學校運作與管理的常識，更與一些老師成為終身的好朋友。

1.9 老師終身學習，成為榜樣

每年校內外的多項教師專業培訓課程，令老師與學生都受益匪淺。

進修增值　# 專業進修日　# 學生榜樣　# 終身學習

每當暑假來臨前，國際學校的老師都會互相詢問，大家有什麼暑期大計。有些外籍老師說會回鄉探親，有些老師會去旅遊度假充電，但也有為數不少的老師（包括當年的我），會在暑假期間重返校園，由老師的身份變回學生！

其實國際學校裏老師的學歷已經很高，幾乎所有的老師都具備碩士學位，那些仍未有碩士學位的，可能正在邊工作邊進修；有人還在讀第二個碩士學位或博士學位；或是進修各類專業教育文憑，例如兒童心理學、資訊科技或課程設計等。幾乎沒有人覺得可以憑着已有的學歷，就可以無風無浪地工作到退休那天，大家都願意抽出時間來進修增值。而校方也在金錢及時間兩方面，對老師的專業進修作出支持。老師除了暑假期間自願犧牲休閒時間去學習之外，每個學年也可以申請最多五個工作天去各地參加學術會議。我曾經效力的國際學校，老師的薪金福利中，每個學年會有一筆數千元的進修基金，可以累積三個學年，這筆金錢可以用在進修課程或參加學術會議上。我就曾利用這筆津貼，用了三個暑期去美國進修，再加上三年間邊工作邊進修遙距課程，完成了第二個碩士課程。之後的幾年又用這筆津貼，分別去過上海、越南、新加坡等地，參加國際學校教師的學術會議。

老師在進修課程或是學術會議上學到的知識，自然而然地會回饋學校。例如我學了關於閱讀與演講的課程，就在圖書館裏舉辦課外活動，為學生講莎士比亞等經典故事。在學術會議上參與了圖書館設計的工作坊，後來圖書館要裝修，就可以對新的設計提出建議。有的老師甚至會在學術研討會上作演講嘉賓，或是主持工作坊，與同行分享自己的教育心得。還有老師在參與了專業研討會回來後，在校內的教職員會議上跟同事分享學到的新理念、新技能。而每個學年的教師工作評估，有一欄是關於教師有沒有參與過任何專業進修的。相信在這種情況下，沒什麼人甘於置身其外吧！

除了老師自動在假期中進修增值，及得到校方在時間及金錢上的支持，去參加各種教育研討會之外，校方也會聘請專家來為老師提供各類專業進修課程，包括階梯閱讀教育、數學課程、怎樣有效地啟發學生寫作及評估學生作品等。每年的校曆上都會有幾天是教師的專業進修日，學生不用在這些日子上學，老師則回校進行專業進修會議。在這些日子裏，校方還會在學校餐廳供應早餐、午餐和簡單茶點。有時老師笑稱，專業進修日會讓人減肥失敗！

這種鼓勵老師進修增值的做法，令各方都得益不淺！老師固然可以不斷地教學相長，更新自己的技能，家長知道這間學校的老師在專業領域上精益求精，對學校的滿意度及信任感自然也就加強了。學生不但是直接的受益者，更加從老師身上看到終身學習的好榜樣。我就曾跟一些做專題報告時顯得不耐煩或氣餒的學生説過，我還在學習公開演講技巧，或是英國文學呢，只要有恆心、有毅力，沒有什麼是學不會的。他們的臉上會閃過或是詫異或是敬佩之情，然後就繼續將注意力集中在自己的課題上去了。如果孩子見到身邊的成年人，只是一個勁地催促他們學習，但自己卻不見得會去閱讀及進修，又怎會有説服力呢？如果家長也在修讀課程，無論是為了職業方面的發展，還是追求個人興趣愛好，都可以與子女分享一下學習心得與逸事，令孩子從小就知道，終身學習是人生中不可缺少的部分。

第二章

啟發思考的閱讀教育

2.1 快樂的圖書館時光

閱讀是精神糧食，孩子不但要多讀不同題材的書籍，更要多發問多思考，將所學的內容變成精神的養分。

#圖書館課程 #閱讀習慣 #五隻手指的閱讀法則 #均衡閱讀

不知大家對圖書館及圖書館老師有什麼印象？如果你以為圖書館只是一個裝滿圖書的倉庫，而圖書館老師只負責借書還書，有空還可以看看自己喜歡的書，是一份非常悠閒的優差的話，那麼我會以自己的親身經驗告訴你，這實在是太不切實際的夢想了！

國際學校的圖書館課程，是緊密配合其他課程設計的。我個人的經驗是，像是體育、美術、音樂課一樣，每個班級每個星期有一節圖書館課，由圖書館老師先給學生講解約二十分鐘，其餘二十分鐘由學生去選書外借，圖書館老師這時也會幫助學生找書或向他們推薦書籍。如果四年級學生要研習人體與健康，五年級學生要理解美國南北戰爭的歷史，圖書館老師會與班主任老師合作，把學生帶來圖書館做專題研究。圖書館老師不但要參與課程設計會議，與老師分享圖書館有哪些書籍、雜誌、網頁及資料庫可以支援專題研習，更會教學生有關資訊素養的技巧：怎樣找到適合自己閱讀程度又準確可信的資料；怎樣從找到的資料中抓住重點，用自己的語言扼要地寫筆記；怎樣寫注解（Bibliographical Notes）去避免抄襲（Plagiarism）。

光是協助高小部學生的專題研習已經很忙了，但國際學校圖書館的另一個重要任務是培養學生的閱讀習慣，推廣校內的閱讀風氣。老師會不斷地強調：今日的讀者，明日的領袖（Today's

Reader, Tomorrow's Leader），所以要增強語言能力，啟發創意思維，學會獨立思考，成為終身學習的人。

班主任老師和圖書館老師都會盡量了解每個學生不同的閱讀程度，用階梯閱讀書籍幫助學生逐步加強語文能力。例如幼稚園至一二年級的學生，識字量有限，老師會教他們五隻手指的閱讀法則（Five Finger Rule for Reading）：每個學生去圖書館借書時要注意的事，是先打開一本書，看看內頁有多少個自己不明白的生字。如果只有零至一個生字，表示這本書太淺易了。如果有一兩個生字，就代表這本書非常適合這個自己的閱讀程度。如果見到三至四個生字，也不妨一試。如果多於五個，則表示這本書暫時不適合自己。老師會叮囑學生不用心急，沒必要與同學比較。

至於三到五年級的學生，大多數已經能夠獨立閱讀了。老師會要求他們均衡閱讀不同種類的兒童文學，例如寫實小說、歷史小說、偵探小說、科幻小說、魔幻小說、詩歌、世界經典簡易版及各國童話與傳說。還要讀科普類書籍，如人物傳記、體育運動、科學發明、各類動植物、藝術與手工等。圖書館老師理所當然地被期待會對館藏有豐富的知識，隨時為老師、學生，甚至家長推薦他們想要尋找的閱讀題材。我服務過的國際學校每年都有非常慷慨的圖書館預算，每年可購入一千到兩千本新書，而如何選擇能配合學校課程的科普書，及購入最受歡迎的英文兒童文學書籍，都是圖書館老師的工作重點。建立一個館藏與時並進的圖書館，才能吸引小讀者頻密光臨，廣泛閱讀。

圖書館老師在閱讀推廣方面更是責無旁貸。除了資訊素養課之外，還要給各年級學生上閱讀推廣課：一般來說，幼稚園至一二年級的學生，圖書館課都由圖書館老師或是故事義工家長為他們朗讀精彩的繪本故事；三至五年級的學生，則由圖書館老師盡量配合課程作閱讀推介，例如當五年級學生學習美國南北戰爭時，可以乘機推薦任何歷史小說。當然也可以是趣味休閒閱讀：有時圖書館老師會以聊書（Book Talk）的形式，簡介一些受讀者歡迎的系列或是自己讀過之後非常喜歡的書籍。

每一學年圖書館老師還會負責大型活動，如邀請作家來校演講，與書局及出版商合作舉辦校內書展等。現在你是否已經覺得圖書館老師的工作其實跟悠閒的優差一點也扯不上關係？可是我認為這是一份極令人有滿足感的工作，可以親眼目睹小讀者及小研究家的成長。而且學生非常熱愛圖書館，視之為「文學的遊樂場」（Literature Playground）。每天早上教室的門未開，圖書館的門已開了，很多學生及家長已經開始借書還書。小息及午餐時間，圖書館也擠滿了讀者。放學後的時間，如果學生有家長的批准字條，或有家長陪同，也歡迎留在圖書館內做功課，閱讀和享用各項服務，包括由圖書館老師專門協助小研究家解答專題研習問題，幫小讀者找書或為他們推薦書籍作休閒閱讀。

因為學生非常喜歡圖書館，所以當他們頑皮搗蛋時，圖書館老師只需發出警告：如果你不守規矩，那麼你就不准在早上、小息、午餐時間及放學後來圖書館，這是甚具效用的「威脅」！這裏有兩個非常令人欣慰的真實故事跟各位分享：我有一個同事的孩子就讀我們服務的國際學校，有一天那個孩子身體不舒服，同事想叫家務助理來學校帶孩子回家。可是那孩子不肯在午餐前離開，因為午餐之後的第一節課是圖書館課，他非要上完圖書館課才肯走！另一次在放暑假前，我照例提醒學生要先清還圖書，而夏季時雖然圖書館老師會放假，但圖書館助理仍會上班，歡迎學生回來借書。忽然一個小男孩舉手要發問，我問他有什麼問題時，他一臉無奈地說，他不知道圖書館夏季也開放，而爸爸媽媽已經訂了機票準備一家人去外地旅行了！我跟他說那麼你旅行回來之後也可以來圖書館啊！那男孩才露出欣喜的笑容。他居然覺得來圖書館比去旅行更吸引，怎麼不令圖書館老師感激不已呢？

ABC

2.2 廣泛閱讀，深入思考

愛上閱讀，愛上圖書館。閱讀既是學習重要的一環，又是有益身心的娛樂活動。

書籍的類型 # 閱讀方法 # 閱讀與思考 # 廣泛閱讀

如果國際學校的老師發現有些學生常常只重複看同一類型的書，無論那是鬼怪驚嚇系列 *Goosebumps*，還是著名的魔幻小說系列 *Harry Potter*，老師都會提醒學生，要試試去讀不同類型（Genre）的圖書。我們的一日三餐，不會重複又重複地吃熱狗和披薩吧？閱讀是精神糧食，我們也不應該偏食。所以，老師會耐心地推薦自己喜愛的兒童文學名著給學生看。

四年級以上的國際學校學生，都學會了書籍的不同類型：小說及非小說類（Fiction and Non-fiction）。小說是虛構的故事，它們出自作者天馬行空的想像，並不是真正發生過的事情。它們之中又分為寫實小說、魔幻小說、科幻小說、歷史小說、偵探小說這幾大類。小說屬於文學題材的一種，老師也會向學生介紹別的文學作品，例如童詩、世界各地的童話與傳說，以及戲劇故事與經典故事的簡易版。非小說類的內容是真實的，並非虛構的，這些書籍包括任何大自然、社會學與科學的題材，例如關於海洋、外太空、動植物、人物傳記、科學發明等圖文並茂的書籍。因為學生已經學過不同種類的書籍，並知道老師對於廣泛閱讀的要求，所以當老師勸他們要嘗試閱讀新的書種時，一般都會聆聽及遵從。況且英文童書的每一類型，都有大量精彩的作品供不同閱讀程度的讀者選擇，令孩子養成廣泛閱讀的習慣並非難事。

當然老師的諄諄善誘不可缺少。除了教會學生圖書的不同種類之外，老師也會教學生閱讀方法。閱讀小説時，讀者要注意其中的故事原素：這個故事發生在什麼地方？主角是誰？他們遇到什麼難題或衝突？他們怎樣找到解決問題的方法？主角在故事的開頭與結局時有沒有任何變化？是哪一些事情讓他產生這種變化？

老師一再強調，閱讀即是思考（Reading is Thinking），所以學生在讀小説時，不但要因文字的描寫在腦海裏創造出相關的畫面，還應產生個人聯想（Make a Personal Connection）：我跟主角有什麼相同或相異之處？我有沒有遇過類似故事中的經歷？我同不同意主角的言行？如果我遇到主角所面對的那種難題，我會怎樣去解決？另外，當小讀者正在追看故事情節時，要試試跟據自己已經掌握的背景與人物資料，去預測下一步會發生什麼事（Make a Prediction）。小讀者有沒有猜對故事的下一步真的發生了什麼，並不重要，重要的是他們可以在閱讀中訓練自己的推理能力及創意。而這些問題常常出現在學生的閱讀功課（Reading Log）中，不停地訓練他們在閱讀中思考。

在讀非小説類書籍時，老師會教學生要留意非小説類書籍的出版年份，以保證有關資料並未過時；怎樣用目錄（Table

of Contents）及索引（Index）去找到自己最想看的內容，或最適用於自己的研究報告的章節；怎樣利用書中的詞彙表（Glossary）幫助自己去理解文中較難的生字；以及怎樣用參考書目（Bibliography）幫自己找到更多相同題材的書籍。而在閱讀非小說類書籍時，要懂得去分辨什麼是事實（Fact），什麼是作者的個人意見（Opinion）。你是否同意這些意見？為什麼？

由此可見，要培養飽覽羣書又有獨立思考能力的讀者，不是只供應一大堆書籍給他們就算大功告成的，還需要這樣有系統的閱讀教育，以及讓孩子有足夠的空間與時間持之以恒地去大量閱讀。

2.3 不一般的功課：閱讀記錄

國際學校小學部的教學理念：將閱讀習慣變成生活的一部分，而不是讓繁重的功課和考試擠走閱讀的空間。

閱讀記錄 # 錄音報告 # 小記者 # 閱讀習慣

除了鼓勵學生廣泛閱讀之外，國際學校的老師會讓學生做閱讀記錄，這份功課大約一個星期交一次。這不是那種學生可以複述，甚至照抄書中內容的閱讀報告。它篇幅不長，老師也不會去改學生拼錯的字或用錯的文法，它只是着重啟發學生去思考。每隔一段時間，老師就會出一些不同的問題讓學生回答。例如，這次閱讀記錄的問題是形容一下書中主角的外表及習慣，為他寫一個簡短的傳記。下次的問題是哪位主角的話特別多，請畫一幅簡易的卡通，用一個對話框（Talking Bubble）來引用他説過的話，並解釋一下他在什麼情形之下説了這些話。這個星期老師要求學生找出主角跟別人發生了什麼衝突的情節，下個星期則要找出主角的內心有什麼矛盾衝突，並評論一下他們為什麼會這樣，而自己又有沒有類似的遭遇。

有時老師又要學生化身為記者：設計一些尖鋭深刻的問題，去訪問故事中一個人物。我記得在讀一本關於中英混血兒身份認同的小説後，一個九歲的學生寫出了這樣的問題：如果大家的文化背景是一樣的，是不是就代表大家什麼都一模一樣？即使大家的文化背景不同，他們仍有沒有相似之處？與眾不同有什麼好與不好的地方？我覺得能夠問出有深度的問題，比在故事中找到答案更有挑戰性。如果孩子從小就有這樣的思考訓練，他們會有較強的觀察能力、理解能力和判斷力，這些技能不但可以運用在語言學習方面，在日常生活上也相當實用。

閱讀記錄並不止於在紙上書寫。有時老師會有新的安排：要求學生回家自行閱讀半小時左右，然後用電腦做一份簡短的錄音功課傳給老師，錄音的長度三分鐘左右就可以了，一個星期交三次。星期一的功課是總結一下所讀的內容，再朗讀一段你認為最有趣的片段；星期三的功課是找出故事中描寫人物喜怒哀樂的細節，再朗讀錄音；星期五的功課是引用書中寫得非常動人的句子或對白，並談談你的感受。學生不會重複又重複地做同一份單調的功課，反而要回應老師不同的要求，不會敷衍了事。不論是寫閱讀記錄還是錄音，篇幅都不長，不會造成學生的負擔，反而強調學生每天必須獨立閱讀三十分鐘左右。這是功課不可缺少的部分。

以上所說的閱讀記錄功課，是三至五年級學生做的。至於一二年級的學生，老師也會發一本閱讀記錄小冊子給他們，但只需記下所讀過的書名及作者的名字，以及閱讀的時間，獨立閱讀或與家人共讀的時間都可記下，並由家長簽名證實孩子的確做了這份「功課」。大部分老師會要求學生每天至少閱讀二十分鐘。

也許有人會懷疑，這也算是功課嗎？但我覺得，給予時間與空間讓年幼的孩子培養閱讀習慣，是教育中非常重要的一環。如果讓六七歲的孩子花大量時間與精力，去做對他們而言太深奧又單調重複的功課，既不能學到令他們印象深刻又有實際用途的知識，又把自由閱讀的時間擠走了，令孩子無法養成閱讀習慣，失去接觸大量生字及基本常識的機會，真是得不償失。語言文字是所有學科的基礎，假如一個孩子厭惡文字，他在學業方面會有卓越的表現嗎？而閱讀習慣是越早培養越好的。

另外一個令我驚訝的是，這樣簡單的功課，卻訓練到孩子的誠信與責任心。在我當兩三個家庭的雙語閱讀導師期間，我常發現孩子真的很自律，不管老師説要讀二十分鐘或三十分鐘，他們會認真地問父母共讀了多久，不達到老師要求的時間，決不停止，也不會胡亂填上一個閱讀時間去應付這份「功課」。如果一份功課能帶給孩子良好的習慣、自學能力及自律能力，那才是有意義的。

如何豐富寫作細節

從不同角度觀察與思考，找出豐富的細節，表達真實的情感，才能寫出佳作。

生活經驗　# 運用五感　# 廣泛閱讀　# 發表意見

孩子在學習寫作的過程中，會經過一個由簡單至詳細的階段。但如果這個孩子已經讀高小了，作文的時候卻只寫三言兩語，就怎樣也想不出其他內容了，他就應該學習怎樣從個人的生活經驗之中，去尋找寫作的靈感。

國際學校的老師教學生作文時，一再強調要有生動的細節。例如描寫一個地方的美景，如果只是用美麗或壯觀這類形容詞，讀者並不能夠根據這些文字，在腦海中幻想出一個具體的畫面。

小作者應該充分利用自己的感官，詳細地描寫自己所見所聞。例如你見到的是海上日落的美景，就要仔細地描寫天空與海洋不同層次的藍色，而遠處漸漸西沉的夕陽，周圍的雲彩先是耀眼的黃色與鮮豔的紅色，再變成深紅暗藍，這是描寫你的視覺。而你赤腳在沙灘上漫步，略帶鹽味的海風輕輕吹拂你的臉與頭髮，你的腳踝接觸到沁涼的海水與細軟的泥沙，有一種清新舒暢的感覺，這是描寫你的嗅覺與觸覺。海浪嘩啦嘩啦地衝上沙灘，又退回大海，一羣海鷗在空中來回地飛翔，嘎嘎地鳴叫着，這是描寫你的聽覺。你喝了一口瓶裝的冰凍飲料，看着夕陽的餘暉慢慢消失，口中仍有一種清甜沁涼的水果芳香，這是描寫你的味覺。

當然，這只是一個例子，並不是每次寫每一個情景，都要用上視覺、聽覺、嗅覺、觸覺和味覺，這只是一個寫作的提議，孩子可以因應不同的題材，選用其中一兩項令自己寫作的內容更豐富更生動。

另外，孩子需要學習盡量以細節呈現場景及人物的心態性格，而不是單調地用形容詞一言以蔽之。例如寫一個人非常憤怒，就應該寫下他當時的面部表情是怎樣的，他的身體擺出怎樣的姿態，他用什麼語調與人溝通。除了文中的細節要令讀者在腦中產生生動的畫面之外，小作者也應留意到自己作品想帶出一個什麼信息。例如描寫美麗的沙灘，小作者可以提及環境保護的重要性，人本來是大自然的一部分，應該與它和諧相處。描寫某人情緒極度憤怒而有點失控的時候，可以提及文中的主角是否有更好的選擇，例如嘗試冷靜下來，想出更好的與人溝通及解決問題的方法。作文如果只有美麗的詞句，但沒有深入的思想，也不會成為佳作。

要寫作出色，是沒有秘訣也沒有捷徑的，一定要廣泛閱讀，細心觀察身邊的一切，及有個人獨特的見解。老師及家長可以從不同的角度啟發孩子多觀察多表達，對他們充滿童心的創意多加鼓勵，才會加強孩子寫作的信心，從而愛上寫作。

ABC

2.5 啟發創意寫作

寫作不能只靠天才與靈感，老師有條理的引導與評估能幫助學生加強書寫能力。

六個重點寫作法 # 評估標準 # 寫作技巧 # 兒童文學

孩子的生活環境離不開家庭和學校，他們的人生經驗有限，思想也很單純，老師要啟發他們寫作，真的很有挑戰性。

當時我任職的國際學校，特地從美國邀請了一位教兒童寫作的專家，為老師舉辦了名為六個重點寫作法（Six Traits Writing）的工作坊。到訪專家不但分享了啟發學生創意寫作的方式，更定下了一些評估作品的標準：試想一下，如果一個孩子收到自己的作文分數，不管是高分還是低分，他又怎麼能夠清楚地知道，自己的作品在哪一方面比較出色，哪一方面需要改善呢？

在工作坊上，我們學到可以由寫作意念（Idea）、作者的語氣（Voice）、詞彙的選擇（Word Choice）、句子順暢（Sentence Fluency），文章組織（Organization）和細心修改（Convention）這六方面啟發學生寫作。

寫作意念（Idea）：國際學校學生的作文題目，一般來說，都是一個情景，或是一個問題，去引發學生的寫作靈感。例如：假如互聯網從此消失了，你覺得是好事還是壞事？你收到的最難忘的禮物是什麼？為什麼它對你來說如此特別？你是怎樣遇上你最好的朋友的？請分享一些你們之間的趣事。這類貼近生活的題目較易引發學生的思考或回憶，寫起來也不太會流於平鋪直敍、千人一面。

作者的語氣（Voice）：行文的語氣切忌平板單調，要表達出作者本人的個性與觀點，或是配合文中的氣氛：那是一個正式的或嚴肅的題材，還是幽默風趣的生活逸事？

詞彙的選擇（Word Choice）：老師會要求高小年級的學生運用不同的詞彙，不要每次都用一些最常見的字眼。例如形容心情愉快，當然可以用「happy」這個字，但也可以用「delightful」、「cheerful」、「blissful」或「joyful」等，令文句有更多變化、更有文采。

句子順暢（Sentence Fluency）：使用完整的，合乎文法的句子去清晰地敍事，表達意見及抒發情感。要知道自己有沒有達到這個標準，最簡單直接的方法是將自己的作文大聲朗讀出來，就會發現哪些句子不夠完整流暢，需要修改一下。

文章組織（Organization）：注意自己的作文有沒有分段，第一段的介紹或引言，能不能讓讀者大致了解自己將要表達的內容，並吸引他們繼續讀下去？這篇作文有沒有在末段加入扼要的總結，或是分享了個人對某個議題的意見，或是提出發人深省的問題？切忌在寫完老師要求的字數之後，就匆匆收結，給讀者虎頭蛇尾的感覺。

細心修改（Convention）：別以為自己一揮而就，寫完一篇短文就完工了。要細心查看文中有沒有錯漏之處。例如有沒有加上合適的標點符號；在句子開頭及提到人名、地名時，有沒有正確運用英文字母的大小寫法；有沒有拼錯字；文中的動詞時態是否統一……當然，學生不可能完全避免一些寫作方面的小錯誤，但是他們應該養成一個再三修改自己的作文的好習慣。

老師向學生解釋了這些寫作技巧之後，又用一些著名的兒童文學作品來説明作家在哪方面的表現特別出色。例如 Barbara Cooney 的繪本故事 *Miss Rumphius* 有出色的寫作意念；Cynthia Rylant 的短篇小説 *The Van Gogh Cafe* 是句子順暢的範本；E.B. White 的長篇小説 *Charlotte's Web* 中各個角色的語氣既生動又附合他們的個性等，令學生對這些寫作技巧的運用，有更具體的認識與了解。

在作文評分方面，老師也會用這六個重點去評估學生的作文。每個重點最高分是五分。老師會填一張表格來顯示出每個學生的作文分數：表格上印有六個重點的五四三二一分的評分標準，清晰地説明了學生的作文有哪些優點，有哪些值得改善之處。例如某個學生在寫作意念方面很有創意，行文流暢，用詞典雅，語氣也生動活潑，在這幾方面都得了四到五分，可是沒留意到段落的劃分，在拼字及文法上有些粗心大意的錯誤，這兩方面就各得到三分。

當學生收到自己的作文及評分表格時，他們會比較容易理解自己的作品有哪些長處，有哪些地方需要改進。下次作文的時候就會發揮得更好了。

小提示

如果大家有興趣的話，可以在互聯網利用關鍵詞「Six Traits Writing Picture Books」來搜尋，便會找到很多老師用來講解「Six Traits Writing」的兒童文學作品。

ABC

2.6 鼓勵參與，不求名次

沒有追求獎項及名次的壓力，讓孩子盡情發揮天馬行空的創意。

閱讀比賽　# 參與的樂趣　# 分工合作　# 團隊精神

為了讓學生獲得更多的練習機會，很多學校及機構都會舉辦各項比賽。可是每一項比賽，能夠勝出的只有三數人。勝出固然可喜可賀，但沒有得到獎賞或名次的眾多參賽者，他們的水準是否一定就不及得獎者呢？這些參賽者之中，有的人也許不太介意得失。但是有些孩子天性較敏感，也許會誤以為自己比不上別人，因而產生挫敗感，並開始對這項活動失去興趣。

所以國際學校在舉辦某些比賽時，會不強調競爭，也不會排名次。有一次，某間國際學校的學生為學校開放日設計海報，學校本來的打算是選出一個得獎者。可是後來收到很多精彩獨特的設計，令主辦這項活動的美術老師，覺得難以取捨。結果美術老師在早會上宣佈：凡是參加了海報設計比賽的學生，不分名次，大家都是贏家！他們會受到邀請，在某個中午去美術教室開一個「Pizza Party」！

老師説畢，即場傳來陣陣的歡呼聲！也許在場有些學生，會因為自己的繪畫技巧不夠好而沒有參加，可是下次學校再舉辦類似活動之後，他們會願意去嘗試。也許這次參加了比賽的學生，有些人的繪畫技巧的確仍是稚嫩，但因可與繪畫較佳的同學同屬贏家，可能讓他們深受鼓勵，因而對繪畫的興趣更強烈！如果這個活動像傳統的比賽那樣，只有一個優勝者，就無法發揮更大的正面影響力了！

國際學校之間每個學年舉辦一個規模頗大的閱讀比賽，稱為「Battle of the Books」。老師會選出二十本優秀的兒童文學作品，並寫下很多刁鑽的問題讓參賽者去回答，例如：這些情節出自哪一本書，作者是誰等。各間參賽的學校選出五至十名學生代表出賽，每個回合由五個代表上台作答。每個回合中，每位學生都會有兩個機會在二十秒內解答難題，但他們可以與隊友合作，找出答案。

這項比賽向學生及家長介紹了二十部風格與主題各異的優秀作品，很多學生即使沒有代表學校出賽，但或是因為好奇，或是受到活動氣氛的感染，或是為了跟同學之間有更多話題，就開始去讀這些小説。因為熟讀二十本二三百頁的小説，還要牢記其中細節並非易事，參賽者學會商討哪些隊員專攻哪幾本書，他們能從中學到分工合作及團隊精神。這個活動又令一些對英文兒童作品不太熟悉的家長，因此而得知一些著名的作家及系列，可以幫助自己的孩子選擇適合他們的書。所以這項比賽，真是各方皆贏。

可是這項由二十多間學校參與的比賽，總要分出勝負才夠刺激啊！「Battle of the Books」分初賽及決賽兩輪，出賽的校隊要在初賽克服激烈的競爭，先擊敗四五個對手，才能進入決賽，爭奪獎盃。參賽者都非常投入閱讀與練習之中，他們由英文老師或圖書館老師安排課外活動進行訓練，有一間學校甚至由副校長親自對參賽者進行培訓。但即使是這樣的比賽，主辦的老師們只會宣布初賽及決賽由哪一隊勝出，得分多少。對其餘的隊伍，不分名次、不提分數，盡量避免大家互相比較而產生不愉快的情緒。

結果每年的「Battle of the Books」，成了校園一項令人喜愛的活動，勝出的當然高興，未能勝出的也樂在其中，興致勃勃地期待明年再捲土重來。這樣的比賽，比起只注重獎品和名次，更有教育意義。

2.7 閱讀是最好的心靈雞湯

閱讀既可以了解書中的世界，又能幫助孩子了解身邊的世界。

個人成長 # 情緒管理 # 心靈裝備 # 閱讀能力

閱讀的好處，不單令學生在學業方面受益良多，在個人成長及情緒管理方面，也是非常重要的環節。當我想起國際學校的老師怎樣用深入淺出的故事，舒緩孩子的情緒問題，教導他們怎樣做出正確的選擇時，就覺得著名台灣作家張曼娟説過，「閱讀令我們加深對人生和宇宙的認識，使我們擁有趨吉避凶的智慧和能力」，實在是極有道理。

作為圖書館老師，我常會遇上老師、心理輔導員，甚至是校長來圖書館，尋求以下的幫助：「有個學生的小狗去世了，他的情緒很受影響。請問有沒有類似題材的繪本，讓我跟這個孩子朗讀和討論一下？」「一個學生的家長因為工作關係，下個學期會全家搬去美國，請問有沒有關於孩子與好朋友告別，要去適應新環境的故事？」「我剛才與一個家長開會，她提到家中兩個孩子常常互相爭執，有沒有關於兄弟姊妹相處之道的故事可以推薦給她？」

英語兒童文學的內容豐富有趣，富教育意義又不流於説教。我一邊工作一邊學習，這些問題當然難不倒我，能為讀者找到適合他們的書，是很有滿足感的事。為孩子讀一個與他的處境相似的故事，再跟他對話討論，比起乾巴巴的勸慰如「不要太傷心」，「你一定會喜歡新環境的」，或是「要跟兄弟姊妹和睦相處」更有說服力，而且能夠寬慰孩子的心靈。例如失去寵物的孩子，我為他推薦這個故事：一個小女孩因為寵物小鳥死了，感到悲傷氣憤，但她在朋友們的幫助下，為小鳥舉行了一個簡單的葬禮，正式與小鳥道別，漸漸放下傷感的情緒。那個全家要搬遷的孩子，我介紹的故事是主角怎麼都不願搬家，但到了新地方，見到那邊的房子、新的朋友和新的活動，覺得那也很不錯啊！那個常與手足爭吵的孩子，我建議他讀的故事是兩隻動物小兄妹只有少量的食物，但他們仍互相分享，因為他們明白到如果其中一個生病了，他/她就沒有人作伴一起玩了。

孩子的世界比較單純，當他們遇上問題時，會感到很徬徨，因為沒有足夠的經驗去應對，又不知道別人也會有類似的遭遇，他並不孤單。所以當他們讀到一個與自己的情況相似的故事時，紛擾的內心會平定下來，再加上師長的分析引導，更可能有所啟悟。當然，讀一兩本書並不能解決生活中所有的問題，我們也不一定能及時發現孩子當天遇上什麼問題，但如果孩子有廣泛閱讀的習慣，他們會積累了許多在書中體驗過的知識，作為遇到問題時的參考：遇上校園欺凌要怎樣應對，當眾發言時感到焦慮可以怎麼減輕，比賽輸了應該怎樣面對……他們明白這些問題不是他們獨有的，而是普遍存在的，光是這一點，已經減少了他們內心的孤獨無助感。比起沒有閱讀習慣，遇到問題一籌莫展的孩子，他們的心靈裝備強壯多了。如果剛巧有師長發現孩子的問題，並用書本加以討論引導，以及問問孩子除了故事中的解決問題的方法之外，他還有什麼別的方法？這樣的訓練，令孩子接收到幾個重要的信息：常識與知識，師友的協助，加上我們的判斷與決定，能夠幫助我們有效地解決問題。

綜合多年的觀察，我更發現：有閱讀習慣的孩子，觀察力較強，又常常不自覺地預測故事中下一步的發展，這個習慣運用在現實生活中，他們也會就觀察所得，而預測事情會有什麼發展，將來能像張曼娟所言的「擁有趨吉避凶的智慧和能力」，比不愛閱讀的孩子的機會高很多。故此我覺得要真正的贏在起跑線，是要贏在閱讀能力上。

第三章

豐富心靈的成長教育

3.1 來訪嘉賓令學生開闊眼界

出類拔萃的來訪嘉賓，鼓勵孩子勇於追求夢想。

演講和工作坊 # 非凡經歷 # 專業知識 # 啟發和鼓舞

國際學校每年都會有很多不同的校際活動，而我最喜歡的是有專家到訪演講或辦工作坊，因為全校師生以及家長都會有機會聆聽那些出類拔萃的講者，分享個人非凡的經歷或專業知識。

那時作為圖書館老師的我，在每個學年中，起碼邀請一位以上的兒童文學作家或故事演講家（Storyteller），來學校演講。例如著名的美國作家 Jack Gantos，他曾獲多項兒童文學獎項，包括 2012 年的紐伯瑞獎（Newbery Award）。當年他在亞洲進行巡迴演講時，曾到訪我任職的國際學校，分享了幽默風趣的個人故事，以及專業又有創意的寫作方式。這不但令學生受益良多，連老師都趁機向他請教創作與出版之道！而有空前來聆聽演講的家長，也對這項活動讚不絕口！

在作家到訪之前，圖書館老師會負責設計海報，設立專櫃展出作家的作品來宣傳這次活動，還會在圖書館課時，向學生簡介作者的生平及重要著作，讓他們對這位演講者有初步的了解。然後，就將訂購作家作品的表格發給學生，供他們有興趣時訂購。圖書館老師還會與作家製定合約，安排好每個年級去聆聽作家演講或是參加寫作工作坊的時間表，以及為小讀者簽名。雖然這項活動需要很多時間和精力去籌備安排，但是有機會近距離接觸著名的兒童文學作家，了解他們創作的心路歷程，實在是一大樂事，也對我日後的寫作大有裨益。其他到訪過的作家，包括暢銷系列 *Magic Shop* 的作者 Bruce Coville，著名故事演説家 Bobby Norfolk、Sherry Norfolk、David Novak，美籍華裔作家 Ching Russell 及 Grace Lin 等。

除了圖書館老師邀請作家到訪之外，校方還會安排不同的專家前來演講。例如花了大半輩子的時間與心血，在非洲研究黑猩猩的英國女科學家 Jane Goodall，她的分享令全校師生有機會窺探黑猩猩的鮮為常人了解的世界：黑猩猩居然會製造簡單的工具用來覓食；牠們也像人類一樣，有複雜的喜怒哀樂的情緒；不同的黑猩猩在族羣中有高低不同的地位，如果族羣之間爆發衝突，甚至會引起戰爭……從這些令人眼界大開的研究中，學生發現我們的世界是多麼的奇妙！有各種不同的物種，及自然界無窮無盡的知識！他們更理解到保護環境，愛護動物是多麼重要！

在我任職國際學校的十多年間，有幸遇上很多出色的訪問學者及演講嘉賓，其中一位令我印象最深刻的，是一位美國登山運動員—— Erik Weihenmayer，他是首位登上珠穆朗瑪峯的盲人登山運動員！試想一下，失去珍貴的視力，在應付日常生活已有很多的不便，若失明人士被無助感和挫折感所困，也不難理解。可是 Erik 憑着個人的勇氣與毅力，加上眾人一心的團隊精神，硬是活出不一樣的璀璨人生，將不可能變成可能！更奇妙的是，當年他的視力仍未完全退化時，他曾在這間學校就讀過，跟學生還是校友呢！這更令學生接收到一個非常正面的訊息：如果 Erik 能克服種種困難去攀上高峯，我也能夠努力去實現自己的夢想！

當學生有機會接觸到在不同專業領域中出類拔萃的人士時，他們會受到很大的啟發和鼓舞。説不定在幼小的心靈中，已經立下了日後遠大的志向。

3.2 培養學生的國際視野

理解多元文化，學會包容與欣賞。

國際日　# 國際視野　# 理解差異　# 互相包容

世界名著《格列佛遊記》中有這樣的一段故事：一場戰爭的起因，居然是因為有一批人吃煮蛋時先從尖的那一邊開始吃，而另一批人則從圓的那一邊開始吃！

你覺得這個故事很荒謬嗎？但現實生活中一些不必要的爭端，都是因為一些差異與誤解所引起的。如果我們一直都坐井觀天，就很容易誤以為我們的生活方式及一些理念，理所當然是對的，而別人的做法和想法不同，就一定是錯的。相反地，如果我們見多識廣，就會了解到世界很大，很多地方的文化習俗，都與我們有相似及相異之處。在欣賞別人獨特的姿采之餘，也會更了解及珍惜自己身邊的一切。讓孩子從小就有開闊的心胸，欣賞各地文化特色的視野，尤其重要。

國際學校的學生來自不同的國家，有不同的文化習俗及宗教信仰，這是一個極有利的環境，去培養學生的國際視野。幼稚園至一二年級的學生，每年會有一個「國際日」。那天學生穿上色彩繽紛的民族服裝，介紹自己來自哪一個國家。那些穿上傳統服裝的孩子，令我覺得迪士尼樂園小小世界的娃娃，居然變成真的小孩了！

校園中常常舉行一些有趣的活動，令學生領略到獨特的異國風情。有時是一位韓國家長在班上向學生示範做泡菜的方法；有時是一位來自以色列的家長帶了一種叫「Pita Bread」的麵包與學生分享，再講講他們家鄉的逸事；有時是精通國畫及書法的老學者，應美術老師的邀請，來為學生上一個星期的美術課，然後小藝術家稚嫩但童趣盎然的書畫作品，貼滿了走廊的壁報板上。

一些節日與風俗的慶典，尤其令人覺得別緻有趣。例如每年的三月十七日，是愛爾蘭人的 St. Patrick's Day。據說當日每個人都要配戴一片三葉草，或是穿上綠色的衣服，不然的話，孩子可以過來掐你一下。而且當天無論你是誰，都是愛爾蘭人！為免被鮮蹦亂跳的學生跑過來掐上幾把，每年的三月十七日我都穿上綠色的衣服，而且笑說今天我的名字是 Lisa Kennedy。因為我也成為愛爾蘭人了，就採用一個愛爾蘭姓氏吧！而每年十一月的最後一個星期四是美國的感恩節。那天有許多家長會帶上烤火雞、南瓜餡餅等應節食品，在教室裏開午餐派對。學生不但享受了一個節日的盛宴，更理解到感恩節的起源：當年為了逃避宗教迫害的歐洲人，乘坐名為五月花號的船移居美國後的第一年，得到了印第安原住民的幫助，取得了農作物的豐收，他們邀請印第安人一起開派對慶祝，並感謝上帝的恩賜。

至於農曆新年就更熱鬧了！中文組老師不但教學生寫揮春，唱賀年歌，做湯圓，還選了幾個代表跟老師一起在早會上舞獅舞龍。校方又在周末舉辦大型的慶祝活動，包括師生的音樂及歌舞表演，家長義工協辦的多個攤位遊戲，還邀請了民間手工藝及小吃的檔主前來助興。學生和家長都穿上色彩繽紛的中式服裝，來參加這項嘉年華會一般的活動。最別緻的是一些外籍女學生，不但穿上旗袍或是其他式樣的中式服裝，更將長髮梳成髻，並在髻上插上一根筷子當作寶釵！

如果只是了解一下不同民族的服裝食物及節日，大概沒有人會覺得抗拒。可是若談到不同的宗教信仰，可能會比較敏感。可是我任職的國際學校的高年級學生會接觸「世界宗教」這一課題。有一個學年，校方邀請了伊斯蘭教及猶太教的教長，以及一位現已出家為尼的校友，為學生分享自己的宗教信仰及故事。學生有機會學習到每個宗教都會討論的議題：宇宙萬物的起源，人類最終的歸宿，及他們在世間應有的善行。

我並沒有詳盡的資料，去證實孩子對這一深奧的課題的理解有多少。但有一件小事，卻令我頗為感動。在學生學習世界宗教這個課題期間，圖書館的壁報板上展示了與各大宗教有關的圖片。一個白人小男孩指着一幅印度教象頭神 Ganesha 的圖片，對他的印度裔同學說：「現在我懂了，這是你的神。」他的語氣充滿了理解和欣賞之情。我覺得如果孩子從小就對不同的文化宗教及生活習俗多一些了解，自然就會多了一份接受和包容，甚至懂得欣賞和喜愛，減少了很多不必要的紛爭，令我們的世界更和諧。

3.3 多鼓勵，不比較，少責罰

每個孩子都是獨特的，不用與人比較。他們常常得到師長的鼓勵會充滿自信，更能發揮一己之長。

教育方式 # 自信 # 樂觀 # 成長的心態

不知大家有沒有這個感覺？國際學校的學生，一般而言，都較為自信，態度樂觀，性情開朗。我認為這是跟多鼓勵，不比較，少責罰的教育方式有關。

每一個孩子都是獨一無二的，他們學習領悟能力的快慢先後各有不同，也很正常。有的人學得快，但轉頭就忘了；有的人需要慢慢消化吸收，然後將所學銘記於心，終生不忘。如果一個孩子對自己的學習能力有信心，即使他一時未能完全了解所學的內容，但他沒有挫折感、抗拒感，就不會輕易放棄。

所以國際學校的老師總是留意每位學生的長處，從不同的角度對他們多加鼓勵。例如一個學生覺得自己的英文水準比不上別人，而感到沮喪時，老師會説，但你的電腦知識很豐富啊，而且你又樂於助人，很受同學的歡迎。你非常棒，是一個聰明友善的孩子，只要你願意多閱讀，放膽多與同學説説英文，很快就追上去了。

然後老師會比較這個學生現在完成的英文功課與他幾個星期之前完成的英文功課，告訴他其實他已經在哪些方面有了進步，哪些方面下次要做得更好……這樣一來，學生會明白自己只要跟以前的自己比較就好，沒有必要跟別的同學去比較。因為每個人的長處是不同的，而一些同學的電腦知識沒自己那麼好，自己也不用驕傲，因為人家的英文、中文、數學、音樂、美術或體育非常出色。

孩子的長處得到充分的肯定，就會信心滿滿的，也就更願意去改善不足之處，爭取進步了。假如孩子從大人那裏接收到錯誤的負面信息，覺得自己一無是處，就會產生自暴自棄的心理，放棄力爭上游了。以我的觀察，國際學校的老師總是能看到學生的優點，對他們讚賞有加。完全不像傳統中式教育中所言，不要輕易誇獎孩子，這會令他們驕傲自滿那種做法。老師又鼓勵學生要有成長的心態（Growth Mindset）：認識及面對自己的弱項，並努力改進。教導學生從容地面對自己的缺點、弱項，從而改進，而不是因為害怕出錯和出醜，而不敢面對和嘗試。

另一個也許是比較有爭議的做法是，老師見到學生作文或寫專題報告時有拼錯字、用錯文法之處，他們不會用紅筆去改正這些錯誤，反而盡量鼓勵學生大膽去發揮創意。

一些家長在孩子做功課時，會叫他們把做錯的地方擦得乾乾淨淨不讓老師看見。而國際學校的低年級學生是不可以用橡皮擦的，他們要知道自己曾在哪一些地方做錯，老師也會因此而知道學生的程度，再幫助他們去改善。

很多國際學校老師的理念是，拼字與文法都可以在日後學會的，但是如果學生從小就因害怕出錯，覺得少做少錯，不做不錯，反而得不償失。在長期的觀察之下，我也覺得與其讓孩子想避免錯誤而不敢嘗試，倒不如讓他們毫無顧忌地盡情發揮，然後漸漸學會自我修改更正。試想一下，可能數個月後，孩子會察覺到自己功課中的錯誤之處，而有能力去改正了，他們會因感受到自己的進步而欣喜，而並非當時較稚嫩而無意出錯時，給人直指其非，那樣可能打擊到孩子的自信心。

我曾說笑道，如果哪位國際學校的老師有膽量責罵學生愚笨或頑劣不堪的話，那位老師明天不用來上班了！學生頑皮搗蛋或做錯事，當然要教訓引導，但絕不能用傷害他們自尊心的用詞去斥責他們。老師會叫干擾教室秩序的學生坐在教室的一角，罰他們沒有小息時間、留堂，或叫他們寫一封信向受影響的人道歉，甚至見家長會談。老師只會讓學生知道他們的頑劣言行會招致什麼後果，叫他們好好想想將來怎樣去做正確的決定，但老師甚少對犯錯的學生大聲斥罵。

在這種環境下，學生對學術方面的意見，較會盡己所知毫無顧忌地發揮出來。他們較能肯定自己是獨一無二的個體，不會時時與人比較，而產生不必要的自卑或自大心理。而在言行方面犯錯時，他們較能反省自己作出的決定造成了什麼後果，而日後應怎樣作出正確的判斷。或許這是造成國際學校的學生，看上去比較自信樂觀，也顯得較有創意的原因吧！

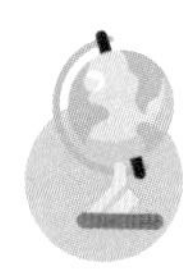

ABC

3.4 待人如己的黃金法則

待人如己是放諸四海皆準的道理。

品德教育　# 待人如己　# 黃金法則　# 自我反省

現代的小家庭大部分只有一兩個孩子，家中的孩子自然備受父母親友的寵愛關懷。有的孩子在不知不覺中，變得自我中心，他們考慮事情只會從個人的利益和角度出發，不太會對別人的處境表示理解、同情，不懂得謙讓之道，也不願與人分享。

在這種情況下，國際學校的老師怎樣對學生推行品德教育呢？國際學校的學生來自不同國家，有不同的文化習俗和宗教信仰，怎樣才能説服他們要有禮貌，守秩序，有公德心，關心他人及樂於分享呢？老師找到了一個放諸四海皆準的黃金法則去教導他們：待人如己。你想別人怎麼對待你，你就要怎樣對待別人。

孩子的人生經驗有限，如果老師和家長跟他們講述高深抽象的美德理念，可能他們會一知半解。可是這一黃金法則，卻是可以從日常生活中，讓孩子漸漸領會的。例如，假如你不想被別人用一些難聽的，有侮辱性的字眼的綽號稱呼，那你也不要為別人取這些綽號。你排隊時不想被人插隊，那你也不應該插隊。你不想被人推擠碰撞，那你也別這樣做。

老師更會引用更多正面的例子，去引導學生要將心比心，令我們身邊的環境變得更和諧美好。例如你喜歡一個友善的社羣，那你就要有禮、謙讓，在有需要時對別人伸出援手。你不喜歡終日孤單一人，那麼當你在操場上見到一些落單的，沒有人跟他玩的孩子，就應上前去打個招呼，邀請他們跟你一起玩。如果別的孩子願將自己所有與你分享，而你感到特別開心，那麼你這樣做的話，也會令別人非常快樂的。

這些淺易又生活化的解釋，令學生開始明白到人們的情感是類似的，不管他們來自哪個國家，還是信奉哪一個宗教。去判斷自己的言行是否合理，只要撫心自問：如果別人這樣待我，我的感覺會怎樣？我是受到尊重關愛，還是受到傷害？我會感到快樂，還是傷心難過？然後問問自己應不應該這樣做？

校方又在早會上做出這樣別出心裁的安排：讓來自不同國家，有不同宗教信仰的學生，上講台講解來自他們的文化或是宗教的黃金法則。各地的用語或許稍有不同，但意思卻是一樣的。且看看這些句子：基督教《路加福音》中說「你想別人怎樣對待你，你就要怎樣對待別人」（Do to others what you want them to do to you.）。伊斯蘭教的說法是：你想別人怎樣對待你，你就怎樣對待別人。你不想別人怎樣對待你，就不要這樣對待別人（As you would have people do to you, do to them. And what you dislike to be done to you, don't do to them.）。印度教所言是：對待別人像對待你自己一樣（Treat others as you treat yourself.）。猶太教的教誨是：一個人應該對待所有的生物，像他期望自己被他們對待那樣（A man should wander about treating all creatures as himself would be treated.）。孔子說過：己所不欲，勿施於人。

以上只是其中一些例子，令學生從中明白到，來自不同種族、文化和宗教的人，都期望別人能善待自己，所以我們也應善待別人。當然，人類的心智與情緒十分複雜微妙，即使是孩子的世界，也不見得全是純真快樂的，沒有一個十全十美的方法，可以造成一個絕對和諧幸福的世界。可是向孩子解釋待人如己的黃金法則，提醒他們不要那麼自我中心，要懂得顧及別人的感受。至少有時可以令孩子反省一下，怎樣的言行才能令這個世界多一分美好，少一點紛爭。

小提示

家長可以跟孩子一起上網搜尋「Golden Rules」，看看圖片搜結果（Images）對黃金法則的不同表達方式及海報設計。

3.5 積極參與慈善活動

孩子明白到越是願意分享，自己得益越多。

慈善活動 # 同情心和同理心 # 感恩惜福 # 行善助人

生活在相對富裕的環境中的孩子，從小受到父母無微不至的關懷照顧，衣食無憂，當然不會知道民間疾苦。國際學校的老師會讓學生積極參加各種不同的慈善活動，藉此培養他們的同情心及同理心。

但是學生不僅是捐出一些零錢就算大功告成了，他們要實實在在地做一些事情去籌款。我印象最深刻的兩個慈善活動，是「Read to Feed」（開卷助人）及「Kids for Kids」（童協基金會）。

「Read to Feed」的工作人員先應學校的邀請，在早會上向學生講述中國一些偏遠農村的貧困情況，他們會將籌到的善款，買一些牛羊等農莊動物，送去一些貧困家庭。這些家庭收到了牛羊之後，可以牧養牠們，增加家庭的收入。但這些受惠的家庭，也要為行善出一分力，他們牧養的牛羊生下小牛、小羊之後，就要送一隻給有需要的家庭。這比起金錢或物資的支援更有意義，因為那些受惠的家庭也付出了自己的努力去改善貧窮的狀況。當學生了解到那些可愛的動物，能夠為有需要的家庭作出這麼大的改變時，他們就非常踴躍地參加「Read to Feed」這個活動！他們要做的事情，是要多閱讀！

參加這個善舉的學生要在一段特定的時間內，盡量多讀一些出色的兒童文學作品，小說及科普書都可以，然後將所讀過的書目、作者及閱讀日期記錄在一張表格上，並需要家長簽名作實。他們還要去找贊助人支持這項善舉：例如家中親友會在孩子每讀完一本書之後，就捐出 10 塊錢。學生在這個活動結束前，要負責蒐集善款，上交給老師。

這個活動不但能幫助一些貧困的家庭改善生活，也趁機鼓勵學生多閱讀，並使他們有機會學習如何有禮貌地向親友募捐，及有條理地收集及上交善款。比起簡單的捐出零用錢，更有教育意義。

而「Kids for Kids」的籌款方式之一，是鼓勵學生發揮創意去用中英文寫雙語故事，並配上插圖，這項活動名為「My Story Creation」。學生可以一人包辦中英文版的故事創作及插畫，也可以跟同學分工合作。如果學生的作品非常出色，就會出版成書。小作家們可以選擇將售書所得的收入捐給哪一些慈善機構，例如聯合國兒童基金會、世界宣明會等。

這項活動的好處是讓學生有了明確的目標，會樂於寫寫畫畫去創作一個繪本故事。而且有些學生英文較好，有些學生中文較強，另一些學生擅長畫畫。他們要找到好的拍檔，互相討論合作才能完成一本繪本的創作。我見過一中一外的兩個女孩合作寫出佳作，及一個九歲的男孩憑一人之力就突圍而出，他們的作品都付印出版。學生既可以發揮寫作與繪畫才能，又可以擁有正式出版的作品留念，還可以幫助到有需要的人，真是一舉數得。

另外，當有重大新聞提及某個國家發生自然災難時，老師先跟學生講解災民的困境，然後舉辦全校的捐款活動。即使在相對富裕的地區，仍有人生活在貧窮線下，或是受到疾病的折磨。學生可以有錢出錢，有力出力。有時募捐的方式也頗有創意，例如一位老師先自費去深水埗買了大批彩色珠子及彩繩，再教幾個學生怎樣將這些材料做成簡單的手繩飾品，在校園的一角義賣籌款。這個項目還有一個有意思的名稱，叫「Beads for Needs」。還有一次，男老師及男學生會剃光頭髮募捐，為癌症病人籌款。校方邀請了理髮師來學校為自願參與這項活動的師生「落髮」，由親友隨緣樂助。最令我感動的是，有個十歲的小女孩也勇敢地加入「落髮儀式」，為了籌得更多善款而不惜剃光了頭髮！

種種不同的慈善活動，令學生從小就明白到，温飽安全健康的生活並不是必然的，很多人都生活在水深火熱之中。我們一方面要感恩惜福，另一方面也應盡量向不幸的人們伸出援手。所以學生對校方舉辦的慈善活動，都熱烈響應。有一次校方舉辦「Food Drives」的慈善活動，呼籲學生捐一些罐頭及包裝米麪等食品，用來幫助香港的基層市民。那幾天我笑着説，我還以為自己去了哪間超級市場呢！因為募捐所得的食品，堆得像一座座小山丘似的！而在每年聖誕節前，學生會由老師們帶領去老人院探訪長者，為他們唱聖誕歌，送上小禮物。相信有了這些奇妙的經驗之後，很多學生都會將行善助人當作是將來生活中的一部分了。

ABC

3.6 正視校園欺凌

孩子該學會一些保護自己的方法，免受欺凌。

輔導老師 # 欺凌行為 # 正視問題 # 應對方法

每一個校園，都應該是一個快樂和諧的學習天地，可是有時也難免發生一些不愉快的事，例如校園欺凌。假如有學生時常受到欺負，而老師及家長又未能及時察覺而伸出援手的話，那孩子會留下心理陰影，甚至會造成悲劇。怎樣可以盡量避免校園欺凌的發生呢？我曾任教的國際學校的輔導老師，在教育學生如何解決校園欺凌的問題之前，先在教職員會議上給老師提供一節專業進修課，讓大家都對這個問題加深了解。

首先輔導老師會解釋種種形式的欺凌行為。學生都知道，被人拳打腳踢就是被人欺凌，可是他們不一定知道其他形式的欺凌，例如語言上的欺凌：用尖酸刻薄的語言嘲笑挖苦對方，或為對方取一個帶有侮辱性質的外號。還有臉部表情的不屑：小霸王可能會對欺負的對象翻白眼或撇嘴。另外就是有意孤立某個被欺負的對象，讓那個孩子沒人理睬而忍受孤獨。高年級的學生也許會受到網絡欺凌：有些傷害對方的話，在面對面時也許不會衝口而出，但在電腦屏幕上就會毫無顧忌地出現。

聽到這裏時，我馬上聯想起一些類似的情形：在圖書館裏遭受另外兩三個同學翻翻白眼撇撇嘴的小女孩；小息時間在操場上孤零零一人，沒有人跟他一起玩的小男孩。接着輔導老師說，她會告訴學生，如果你遇到類似情況，感到被傷害的話，就要儘快告訴老師和家長。不但受欺凌的一方需要援助，那個欺負人的小霸王也需要輔導。只有不快樂的人才會想去欺凌別人，也許那個小霸王的家庭發生了一些問題，但是他不懂得怎樣去面對，就將怨氣發洩在同學身上。也許那個小霸王的社交技巧非常差勁，他誤以為只要有蠻力，就會有人懼怕他、奉承他。所以當孩子覺得受到欺凌傷害時，千萬不要啞忍。在受到欺凌時，首先要有勇氣向對方說不。如果對方仍不停止惡行，孩子就要有勇氣向師長說出這個問題，如果覺得這個情況太具傷害性而難以說出口，可以用畫一幅畫，說一個故事，或表演一個短劇的方法去表達出來，讓問題能儘快得到解決。

然後輔導老師又提及一個重點：我們應該讓學生知道，即使被欺凌的不是你自己，但如果你見到別人被欺負的話，也不要袖手旁觀，應該向老師滙報。如果你對惡行保持沉默，會令那個小霸王更加囂張放肆，說不定哪一天會欺負到你頭上來。如果你見到有同學被一組人孤立的話，請邀請他跟你一起玩。有同伴一起的孩子，會較少機會受到小霸王的挑釁。我覺得輔導老師的專業指導對我而言都受益匪淺，對於人生經驗不足的學生來說，對校園欺凌有一個清晰的概念，並懂得及時尋求援助更為重要。

這次的教職員會議之後，班主任老師就在班上向學生傳達以上的信息。作為圖書館老師，我找出一些關於怎樣面對校園欺凌的繪本和小說，在圖書館課時與學生分享。讓學生了解故事中的人物受到欺凌時有什麼反應，他們有什麼解決方法。我發現老師的合作教學非常有效，那段時間有很多學生向老師們傾訴了自己受到的欺凌，讓老師甚至校長介入調停。即使在圖書館裏，也有個男孩子對我說，有個女孩常出其不意地大力敲打他的背部。我不但找那個女孩來訓話一番，也告訴他們的班主任老師這個問題讓她跟進。然後我們發現那個女孩只想跟那個男孩一起玩，偏偏那個男孩比較內向害羞，不懂得回應，那個女孩就採取了不適當的方法去引起他的注意。經過老師們的調停之後，這兩個同學也並未成為好朋友，不過那個男孩再也沒受到那個女孩的「襲擊」了！

校園欺凌的問題，很難完全杜絕。但我很欣賞國際學校的同事那種清晰的溝通與一致的行動。相信在這個環境及氣氛下，學生會較懂得保護自己及幫助他人，並且有信心他們會得到師長的援助。

3.7 積極正面的生活態度

從小就培養出樂觀正面的態度，懂得欣賞身邊的一切，沉着冷靜地去解決問題，會活出更精彩、更有意義的人生。

成長的心態 # 追夢 # 正面思考 # 心理素質

不知大家有沒有遇過這樣的成年人：他們對自己的境遇有諸多不滿，可是當親友提出各項的建議，嘗試幫助他們作出改變時，他們又會列出種種原因與藉口，去解釋為什麼自己無法作出任何改變。這種故步自封的思考方式，叫做「Fixed Mind」。

而國際學校的學生，在小學階段已經不斷地被老師教育熏陶，要有「Growth Mindset」：一個會成長及自我完善的心態。無論你是誰，生活在哪一個時空，都難免有個人性格方面的優劣長短，及來自外界各方面的機遇與挑戰。首先學生要懂得接受自己的獨特之處，不需要跟別人比較。然後學生應該放膽去夢想：「Dream Big」！學生接收到的信息是：他們有足夠的能力，去成為自己想做的那個卓越非凡的人物！不管自己想做太空人、著名的鋼琴家，還是登山運動員，這都是有可能的！我們的世界，我們的生活都有很多不完美的地方，但我們相信只要盡個人的努力，仍可以從微小的步驟開始，慢慢地將它變得更好。

當然，只有空想並不會把你帶去理想的境界。老師會不厭其煩地提醒學生：要培養獨立思考的能力，要有解決問題及面對挫敗的決心。我應該怎麼做才能更接近我的夢想？當我遇到挫折與困難時，應該以怎樣的心態去面對它們？如果別人一窩蜂似地追逐同一目標，可是這並不是自己想要的，我有沒有勇氣去走一條較少人行走的道路，活出不一樣的人生？學校走廊的牆上掛着兩幅字畫：強壯的心靈，堅定的意志（Strong Heart, Strong Mind），就是要提醒學生要培養良好的心理素質。

在日常生活中，老師也會盡量用正面的態度去教育及影響學生。如果只是一些學習方面的小困難，學生會聽到老師説，來吧，我知道你能夠做到的。像是受到催眠似的，學生忽然覺得那些小難題好像沒那麼難了，而願意再次嘗試了。

如果一些事情是無法改變的話，那麼我們可以做的，就是改變自己的態度。例如學校的宿營周，偏偏遇上陰暗潮濕的雨天，沒有人能夠改變天氣，可是我們能夠選擇不讓壞天氣破壞我們的興致。下午的一點濛濛細雨，學生照樣在操場上踢足球或打籃球，他們的頭髮濕了，也不知是汗水還是雨水，臉蛋紅紅的，更是可愛。參與宿營的家長義工只是事後叫孩子去換過一套衣服，並笑稱一點點雨是不會把孩子溶化掉的。可是傍晚的雨更大了，無法如計劃中那樣去露天燒烤。老師就説，大家不用失望，在飯堂內開一個薄餅派對也很好玩啊！我們從中學會靈活變通，不但解決了問題，還留下美好的回憶。不是比一味抱怨天公不作美更好嗎？

有些人認為整天都説正面思考太空洞、太膚淺了，它並不能夠解決生活中所有的問題。的確沒有一個萬能的方法，可以解決世上紛紜複雜的大中小問題。可是，如果孩子沒有一個思想的局限，認為自己這也不行那又做不到的話，他們能夠發揮出來的潛力一定會更大。正所謂求其上得其中，求其中得其下，什麼都不敢求就會一無所有。態度決定高度。有時我不禁在想，那些長期抱怨自己的困局，但又覺得自己無法作出任何改變的成年人，假如他們小時候接受的是正面思考的教育與熏陶，他們的人生會不會不一樣呢？

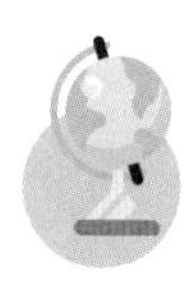

3.8 專業的輔導老師團隊

專業的輔導老師為學生及家長提供學業及心理各方面的輔助。

輔導老師 # 不同的學習需要 # 差別教育 # 六頂帽子思考方式

這對許多學校來説，可能像是天方夜譚：我曾任職的國際學校高小部（三至五年級）有六百多位學生，而輔導老師（Counselor）竟有七位！

但這並不表示這些老師可以悠閒地喝喝咖啡，優哉游哉地工作。相反地，他們忙碌得超出你的想像。輔導團隊雖然共有七人，但每個人的職責各有不同。有些輔導老師專門負責兒童的行為與心理問題。有的輔導老師會照顧一些學生的特殊需要，例如讀寫困難症（Dyslexia）、亞士保加症（Asperger）等。有的輔導老師為語言及數學能力較弱的學生，作個別輔導。有的輔導老師為資優生度身訂做適合他們程度的課題，令他們感到有挑戰性，而不致於覺得課堂上教的內容太簡單而失去興趣。因為校方想盡量實行差別教育（Differentiation），以我的理解，這與孔子所言的因人施教有異曲同工之妙。

輔導老師不但一對一為有需要的學生提供教導與援助，更為老師及家長提供講座和工作坊，又與他們緊密合作，經常溝通，以確保學生得到最適合他們的服務。以我個人的經歷為例，有一次學校錄取了一位有亞士保加症的學生。坦白説，我並沒有接受過特殊教育的訓練，對這個症狀一無所知，相信有些老師也跟我一樣。輔導老師邀請這位學生的班主任，以及音樂老師、美術老師、體育老師、圖書館老師及校長一起開會，幫助我們了解什麼是亞士保加症，我們可以怎樣互相配合去幫助這個學生。

在這個會議之後，我懂得了患有亞士保加症的孩子，他們在社交方面有溝通障礙，不懂解讀別人的臉部表情與身體語言。他們的興趣狹隘，態度會非常固執，但是他們有可能有超過常人的智商，才華洋溢。如此一來，當我面對那個表情拘謹，幾乎每次來圖書館都問我哪裏可以找到關於烏龜的書籍的男孩，就可以淡定從容地帶他去那個書架，不厭其煩地再三為他推薦關於各類烏龜的科普書，而不致於大驚小怪、不知所措了。那個男孩在眾人的努力之下，兩三年後真的取得了很大的進步，他在待人接物與人溝通方面順暢了許多。

輔導老師也會緊密地與各位老師合作，取得最好的資訊來幫助學生學習與成長。他們知道我對兒童文學及閱讀教育有豐富的知識，所以無論他們在輔導有讀寫障礙的學生，還是那些語言能力特別強的資優生，都會詢問我有什麼書籍可以推薦給這些學生。我能從輔導老師那邊學到新知識，他們又覺得我的專業對他們有幫助，真是一個正面又有益的互動。

有時輔導老師還會對整個年級的學生提供專題講座。例如有一次就有輔導老師向五年級所有的學生，借用圖書館的場地講解

「六頂帽子思考方式」（Six Hats Thinking Skill），這個理論出自 Edward de Bono 的暢銷書 *Six Thinking Hats*。教育學生要用不同的角度去作思考判斷，並作出最正確、最有利的決定。作者以不同顏色的帽子代表不同的思考分析模式：戴上白色的帽子，代表你留意數據與事實；紅色的帽子代表你的直覺判斷；黃色的帽子代表樂觀積極的態度；黑色的帽子代表考慮到事情的負面因素及危機；綠色的帽子代表創新意念；藍色的帽子代表了經過深思熟慮之後，就採取以上其中一種方式去解決問題。也許在這個項目中，綠色帽子代表的創意思維最有效。而在另一個處境中，黑色帽子代表的弱點與負面情況要儘快解決……這樣的話，我們就不會流於單一的思考模式，而能從多個角度去看待及解決問題。

幾乎每一個社羣，都會經歷過一些風起雲湧的艱難處境。我親眼目睹過這羣專業的輔導老師，如何在一件令人震驚的突發事件發生後，儘快安撫受影響的學生、家長，甚至老師的情緒，讓日常生活重上軌道。個中詳情因涉及私隱，不便在此細談。但另一件逸事卻不妨分享一下！可能是東西文化差異吧，大家對怎樣管教孩子，有不同的理念。一位來自台灣的年輕家長有三個頑皮的兒子，她打了二兒子幾下，去懲罰他頑劣不堪的行為。不知怎的這事讓校方知道了，輔導老師非常緊張。因這位台灣家長的英文不太流暢，一位外籍輔導老師就叫我為那位家長做翻譯。當我向那位家長解釋，輔導老師決不贊成體罰孩子，並要求她上一個關於管教孩子的課程時，那位媽媽覺得啼笑皆非，認為我們小題大做，並笑着反問：「你們到底了不了解家中有三個頑皮男孩的情況？」無論如何，輔導老師仍堅持那位媽媽要上完那個課程。我覺得輔導老師真的很專業、很用心，如果發現有什麼異常的事情，寧願小心謹慎地跟進，也不可掉以輕心。而那位年輕媽媽多學一些關於孩子教養的課程，也可作日後的參考。

所以一個七人的輔導老師團隊，每個工作天都會忙得不知有沒有時間喝咖啡了，雖然他們真的需要提一提神，放鬆一下心情！

附錄 國際學校的實用資料

在香港，除了英基學校協會營辦的 14 所國際學校外，還有逾 30 個獨立辦學團體提供各種中小學程度的國家和國際課程。

家長可透過政府網站「香港的國際學校」，搜尋各所國際學校的基本資料，包括：學校簡介、提供的級別、教學語言、學額、課程、創辦年份等。

家長亦可參考各大報章媒體製作的國際學校指南。

參考網站：

香港的國際學校
https://internationalschools.edb.hkedcity.net/

South China Morning Post – English Schools Foundation
http://www.scmp.com/topics/esf-english-schools-foundation

South China Morning Post – International Schools in Hong Kong
http://www.scmp.com/topics/international-schools-hong-kong

The Standard – International Schools Guide
http://www.thestandard.com.hk/emagazines/20180315122339magazine.pdf

國際學校老師這樣教

——教出自信、好學與快樂的學生

作　　者：譚麗霞
責任編輯：黃花窗
美術設計：何宙樺
出　　版：新雅文化事業有限公司
香港英皇道 499 號北角工業大廈 18 樓
電話：(852) 2138 7998
傳真：(852) 2597 4003
網址：http://www.sunya.com.hk
電郵：marketing@sunya.com.hk
發　　行：香港聯合書刊物流有限公司
香港新界大埔汀麗路 36 號中華商務印刷大廈 3 字樓
電話：(852) 2150 2100
傳真：(852) 2407 3062
電郵：info@suplogistics.com.hk
印　　刷：中華商務彩色印刷有限公司
香港新界大埔汀麗路 36 號
版　　次：二〇一八年五月初版

ISBN: 978-962-08-7038-5

18/F, North Point Industrial Building, 499 King's Road, Hong Kong
Published and printed in Hong Kong

鳴謝：
P. 16、24、42、62及66的照片由Ms Eries Auyeung提供，其餘照片來自Shutterstock。